大学4年間の

国際政治学が

10時間で

ざっと

学べる

東京大学
法学政治学研究科教授　小原雅博

はじめに

国際政治学は社会人の必須学問
実務と理論の違い

「国際政治学」とは、国家を主たるプレイヤーとする国際社会の政治を分析し、理論付けようとする学問です。しかし、冷戦終結やソ連崩壊、9.11同時多発テロ、「アメリカ・ファースト」など、生身の国際政治は、そんな理論を打ち砕き、私たちの常識や予測を覆します。それでも、政治家、外交官、学者はもちろん、メディアや企業も世界の動きを注視し、先を読むことを求められます。

　本書は、そのための道具と枠組みを提供するものです。

　第1部では、理論を取り上げます。リアリズムとリベラリズムという二大思潮を座標軸とする基本的な枠組みを提示します。そして、国際政治を動かす3つの要素、すなわち、パワー、国益、価値（道義）の関係を整理します。

　第2部では、国際政治の歴史を簡潔に振り返ります。古代ギリシャのペロポネソス戦争から今日の米中「新冷戦」まで、国際政治は外交と戦争の織り成す国家関係であり、その本質は権力政治であることを物語ります。

　第3部では、地政学を論じます。地政学は政治現象を地理的条件から研究する学問です。その有用性は、グローバル化や技術革新によって減じているとしても、依然として国際政治を分析する手法として役に立ちます。できれば、世界地図か地球儀を見ながら、読んでみてください。

　第4部は、国際政治の重要な柱である安全保障に分け入っていきます。ここでは議論の前提となる基本的概念を取り上げて、安全保障を議論する感覚を養います。

　第5部は、国際社会の平和と繁栄を左右する大国関係と平和を脅

かす問題に着目します。大国間のパワー・バランスの変化は戦争の危機を高め、国際秩序を動揺させます。その中心には、米中両大国の覇権争いがあり、日本周辺の緊張や対立が危機の温床となります。

　第6部は、日本外交の原則や課題を整理します。日米同盟や日中関係などの最重要の二国間関係や主要外交課題を取り上げる中で、基本的な論点を押さえて頂きたい。

　私は外交に携わる実務者から外交を研究し教える学者になりました。両者の違いは何でしょう？

　実務者は、彼（女）自身の思想や感情、そして外交に携わる人々との人間関係の影響を受けるとともに、情報の不完全性や時間の不寛容性の中で選択や決断を迫られます。これに対し、学者は、そうした影響や制約のない（或いは、できる限り排除した）状況において、ひたすら真理を追究します。しかし、国際問題や外交の現場には、誰もが納得し賛同する「正解」などほとんど生まれないと言っても過言ではありません。そこには、国内政治と対外交渉の「結果」しか存在しません。そこに至るまでに、取引や威嚇や譲歩やインセンティブがあったとしても、その因果関係は必ずしも明らかではありません。なぜ「正解」と「結果」は違ったのか、それを考え、そこから共通の特徴や要素を抽出し、一般化するのが国際政治学の意義なのだろうと私は思っています。

　出版社から依頼が舞い込んだ時、東大には著名な国際政治学者が少なくないのに、なぜ私なのかと訊くと、「実務の世界から学問の世界に入った方だからこそ、社会人として何を知っておくべきかを書いて頂けると考えたから」だと言われました。そんな期待に応えられるような内容になったであろうか。本書で、国際政治のエッセンスが学べ、国際問題を見る視点が養われることを願っています。

東京大学法学政治学研究科教授

小原雅博

はじめに —— 2

第1部
理論編

1 国際政治とは何か

▶01 「政治」の概念 —— 16

▶02 国際政治と国内政治 —— 18

▶03 現実主義（リアリズム）の興隆 —— 20

▶04 理想主義（リベラリズム）の意義 —— 22

▶05 派生する理論1 —— 24

▶06 派生する理論2 —— 26

▶07 悲観論と楽観論 —— 28

▶08 ４つのシナリオ —— 30

2 国際政治を動かす3要素

▶01 パワー・国益・価値 —— 32

▶02 「パワー」とは何か？ —— 34

▶03 パワー・国益・安全の関係 —— 36

▶04 「国益（national interest）」とは何か？ —— 38

▶05 価値の重み —— 40

▶06 価値の優位 —— 42

③ 外交と国益

▶01 外交の目標としての国益 —— 44

▶02 「死活的国益」の確定 —— 46

▶03 「全体性」の論理 —— 48

④ イメージ・感情の影響力

▶01 映像の力と人間の感情1 —— 50

▶02 映像の力と人間の感情2 —— 52

▶03 イメージと認識 —— 54

《コラム》メーロス対談 —— 56

第2部
歴史編

⑤ 古代ギリシャから
近代主権国家成立まで

▶01 大国の覇権争い —— 58

▶02　権力政治の原点 —— 60

▶03　ホッブズの無秩序世界 —— 62

▶04　国家主権の下での安全か自由か？ —— 64

6 勢力均衡の時代

▶01　ウィーン体制 —— 66

▶02　ビスマルク外交 —— 68

▶03　英独対立と勢力均衡の瓦解 —— 70

▶04　英独建艦競争 —— 72

▶05　「弱肉強食」の国際社会に放り込まれた近代日本 —— 74

7 2つの大戦

▶01　第一次世界大戦の悲劇と原因 —— 76

▶02　戦後国際秩序の失敗 —— 78

▶03　ベルサイユ体制瓦解と第二次世界大戦への道 —— 80

▶04　太平洋戦争と日本の敗戦 —— 82

8 東西冷戦と恐怖の均衡

▶01　「鉄のカーテン」とソ連封じ込め —— 84

▶02　核抑止による「恐怖の均衡」 —— 86

▶03　キューバ危機とケネディの決断 —— 88

9 冷戦終結と「新冷戦」の幕開け

▶01 ベルリンの壁崩壊とリベラル秩序の広がり —— 90

▶02 9.11 と米国覇権終焉の序章 —— 92

▶03 米中「新冷戦」の幕開けか？ —— 94

《コラム》どこで歯車が狂ったか？
　　　　—中江兆民の政治小説『三酔人経綸問答』— —— 96

第3部
地政学

10 地政学の系譜

▶01 ハートランド理論 —— 98

▶02 リムランド理論 —— 100

▶03 ドイツの地政学と日本 —— 102

▶04 リムランド理論と米国の戦略 —— 104

▶05 「自由と繁栄の弧」 —— 106

▶06 シー・パワーとランド・パワー —— 108

11 地政学の実践

▶01 第一列島線と第二列島線 —— 110

▶02 チョーク・ポイント —— 112

▶03 欧州とロシアの地政学 —— 114

▶04 欧州と中東・アフリカの地理的近接性 —— 116

▶05 地政学上の優位に立つ米国 —— 118

▶06 「モンロー主義」と西半球の覇権 —— 120

▶07 中国の厳しい地政学 —— 122

▶08 「海洋強国」を目指す中国 —— 124

▶09 「核心利益」と中国の地図 —— 126

▶10 地政学の最前線たる朝鮮半島 —— 128

▶11 日本にとっての朝鮮半島 —— 130

▶12 海洋国家日本の地政学1 —— 132

▶13 海洋国家日本の地政学2 —— 134

▶14 「地経学」の台頭 —— 136

▶15 地経学の巨大経済圏「一帯一路」 —— 138

▶16 「自由で開かれたインド太平洋」 —— 140

《コラム》沖ノ鳥島の重要性 —— 142

第 **4** 部
安全保障

12 政策論

- ▶01 パワーと安全保障政策 —— 144
- ▶02 勢力均衡 —— 146
- ▶03 集団安全保障 —— 148
- ▶04 国連平和維持活動（PKO）—— 150
- ▶05 専守防衛 —— 152
- ▶06 「必要最小限の軍事力」—— 154
- ▶07 安全保障のジレンマ —— 156
- ▶08 同盟のジレンマ —— 158
- ▶09 集団的自衛権 —— 160

13 核兵器をめぐる問題

- ▶01 軍縮と核不拡散条約 —— 162
- ▶02 核の連鎖と「核の傘」—— 164
- ▶03 核軍縮と「ゲームの罠」—— 166
- ▶04 日米「デカップリング」の危険 —— 168
- ▶05 日本の自主防衛システム —— 170

《コラム》「安全」が「自由」を圧倒する時代 —— 172

第5部
国際秩序の危機

14 大国間のパワー・シフト

▶01 戦争の危機 —— 174

▶02 中国の台頭と自信 —— 176

▶03 リベラル秩序瓦解の危機 —— 178

▶04 米中モデルの弱点 —— 180

15 平和を脅かす問題

▶01 香港問題 —— 182

▶02 台湾問題 —— 184

▶03 南シナ海問題1 —— 186

▶04 南シナ海問題2 —— 188

▶05 北朝鮮の核・ミサイルの脅威1 —— 190

▶06 北朝鮮の核・ミサイルの脅威2 —— 192

▶07 ユーラシア大陸の新たな「グレート・ゲーム」 —— 194

▶08 第一列島線とオフショア・コントロール ── 196

▶09 中印対立と「自由で開かれたインド太平洋」── 198

▶10 経済・軍事・社会のパラダイム・シフト ── 200

《コラム》一本のツイッターが突き付けた
　　　　自由とカネのジレンマ ── 202

第6部
日本外交の原則と課題

16 日本外交の三原則

▶01 国際協調 ── 204

▶02 外交の基軸としての日米同盟 ── 206

▶03 外交の理念としての「国連中心」── 208

▶04 外交の課題としての「アジアの一員」── 210

17 日本外交の課題

▶01 日本の国際平和への貢献 ── 212

▶02 日中関係の重要性と難しさ ── 214

▶03 日中経済関係の行方 ── 216

▶04 **尖閣諸島をめぐる問題** —— 218

▶05 **日本が直面するコロナ後の世界** —— 220

▶06 **日本外交の新展開** —— 222

《コラム》**核兵器禁止条約と「恐怖の論理」** —— 224

国際政治を学ぶ人のための20冊 —— 225

おわりに —— 230

装丁──────────── 二ノ宮 匡（ニクスインク）

図版作成・DTP ──── 次葉

第 **1** 部

理論編

▶ 01 「政治」の概念

政治とは、権力、ルール、権威を含む関係全般

国際政治の「政治」とは何だろう。政治は、あらゆる「社会」に存在する。国家のみならず、会社や学校など、およそ複数の人間からなる「社会」では、さまざまな人間関係が生まれ、お金や地位や名誉をめぐって、欲望や嫉妬、競争心が渦巻いている。前者は限られており、文明がどんなに進歩しても、すべての人間を満足させることは不可能だ。希少な資源や権力や価値をめぐって、話し合いや取引や闘争が生まれる。これが政治である。

政治学者の**ロバート・ダール**（1915−2014）は、政治を「**権力、ルール、権威を含む関係全般**」と捉えた。

「**権力**」とは、他人を強制し服従させる力や関係である。それは、実体に着目した概念（実体的権力論）であり、関係に着目した概念（関係的権力論）でもある。ダールは、「Bが普通ならしないであろうことをAがBにさせた場合に、AはBに権力を持つ」としたが、普段割り勘しかしないB君がAさん相手だとおごるとすれば、AさんはB君に権力を持つのかとの疑問もある。

「**権威**」は、自発的な同意や服従を促す力や関係であり、個人のみならず、地位や組織にも付帯する。「政治家は落選すればただの人」と言われるが、ここでの権威は国会議員という地位から生まれている。こうした「外的権威」を失っても、人間的魅力などの「内的権威」によって尊敬や服従を獲得し続ける個人もいる。

従って、「国際政治」とは、いくつかの国にまたがる権力、ルール、権威を含む国家関係全般である。

30秒でわかる！ ポイント

政治とは

権力、ルール、権威を含む関係全般である（ロバート・ダール）

（権力）　＝　**他人を強制し服従させる力や関係**
　　　　　├─ 実体的権力論
　　　　　└─ 関係的権力論

（権威）　＝　**自発的な同意や服従を促す力や関係**
　　　　　├─ 外的権威
　　　　　└─ 内的権威

国際政治とは

いくつかの国にまたがる権力、ルール、権威を含む国家関係全般である

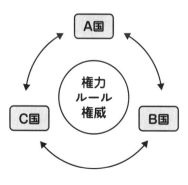

A国

権力
ルール
権威

C国　　B国

▶ 02　国際政治と国内政治

主権国家の
併存する国際社会

　16世紀から17世紀の欧州では、宗教戦争や宗教改革により教皇や教会の権威が揺らぎ、近代主権国家からなる国際社会が誕生した。

　こうした秩序の構築に思想的基盤を与えたのが、英国の思想家**トマス・ホッブズ**（1588−1679）が唱えた「主権」概念である。ホッブズは、著書『**リヴァイアサン**』（1651年）において、「人間は人間にとってオオカミなのである」と喝破し、自然状態において生存のための暴力の行使（自然権）を認められた人間が、「万人の万人に対する闘い」から抜け出して共存していくためには、自然権を国家に委譲することによって唯一絶対不可分の「主権」を確立する必要があると説いた。ホッブズは、主権国家を比類なき力を持つ海の怪獣とされるリヴァイアサンに譬えたのである（5-03参照）。

　それは、30年に及ぶ宗教戦争を終わらせた**ウェストファリア条約**（1648年）によって成立した。領土主権や内政不干渉の原則を基礎とする「ウェストファリア秩序」は、今日まで続く国際社会の基礎をなしている。ホッブズの主権概念は、その後、**ジョン・ロック**（1632−1704）や**ジャン＝ジャック・ルソー**（1712−1778）によって思想的な発展を見たが、①国家とは絶対的な権力である主権を行使する主体であり、②その正統性は国民相互の自発的な契約にある（社会契約説）との点で共通の認識がある。

　国際社会は、国内社会に比べ未成熟で、主権国家以上の権力主体がないため、本質的に、主権国家すなわちリヴァイアサンが権力闘争を繰り広げる無秩序（「**アナキー**」）な状態にある。

30 秒でわかる！ ポイント

トマス・ホッブズが唱えた「主権」概念

人間は人間にとってオオカミである

人間が共存するためには、生存のために認められた暴力行使の権利（＝自然権）を国家に委譲する必要

トマス・ホッブズ
（1588－1679）

主権国家を、比類なき力を持つ海の怪獣＝リヴァイアサンにたとえた

王冠と聖職者の牧杖は権威の象徴
剣は権力の象徴

胴体は無数の人間（国民）から成る

『リヴァイアサン』(1651年)の扉イラスト

国際社会はリヴァイアサン（主権国家）同士が権力闘争を繰り広げる無秩序（アナキー）な状態にある

※リヴァイアサンとは、旧約聖書「ヨブ記」に登場する、「地上に比較され得る何ものもなく、恐れを知らぬように創られた」巨大な海の怪獣である。

▶ **03　現実主義（リアリズム）の興隆**

国際政治は
「権力政治」

　国際情勢を分析する上では、「あるべき」姿を追究する理想主義＝リベラリズムより、「ある」姿を見極めようとする現実主義＝リアリズムが有用である。リアリズムの立場から国際政治を理論化・体系化した**ハンス・モーゲンソー**（1904−1980）は、国際政治を国家が「**力（パワー）として定義される利益**」を追求する「**権力政治**（power politics）」であると論じた。

　リアリズムの歴史は長い。古くは**トゥキディデス**の著書『**歴史**』（紀元前5世紀）に描かれた覇権国・台頭国関係仮説（「トゥキディデスの罠」）にまで遡る。トゥキディデスは、アテナイの台頭とそれにより引き起こされたスパルタの恐れがペロポネソス戦争を不可避としたと分析した（5-01参照）。この仮説は、**「安全保障のジレンマ」**（12-07参照）や勢力均衡（12-02参照）にも通じる。

　近代主権国家は、「国家理性（raison d'État）」（5-02参照）の下で、外部の敵から国民を守り（国防）、国内の無法者から市民を守る（治安）ために、権力を独占し、国力の最大化に努めた。それは、国内では市民を脅かし、対外的には他国を脅かすこともあった。前者は**個人の抵抗権による市民革命**を生み出し、後者は**国益の衝突による戦争**につながった。

　リアリストの描くアナキー（無秩序）な国際社会では、主権国家が唯一のアクターと位置付けられ、パワーを基礎とする「勢力均衡」或いは「覇権」が重視される。

30秒でわかる！ ポイント

古典的リアリズムの国際政治観 ┬ 主要アクター ＝ 主権国家
　　　　　　　　　　　　　　　 └ 主要要素 ＝ 力（パワー）、特に軍事力

国家が「力として定義される利益」（モーゲンソー）を追求する
　　　　　　　権力政治（power politics）

古代ギリシヤの歴史家
トゥキディデス（BC460ー400) はかく語った。

「アテナイの台頭とそれによって引き起こされたスパルタの恐れがペロポネソス戦争を不可避にした」
（『歴史』）

主権国家を衝き動かす「国家理性」

＝

国民の安全のために権力を独占し、国力を増強

治安　　　　　　　　　　　　国防

市民を脅かすことも　　　　　他国を脅かすことも

↓　　　　　　　　　　　　　　↓

個人の抵抗権による　　　　　国益衝突による戦争
市民革命につながる

▶ 04　理想主義(リベラリズム)の意義

道義を打ち立てる
努力を諦めない

　理想主義は、「最大多数の最大幸福」を唱えた**ジェレミ・ベンサム**（1748－1832）の功利主義など、人間の理性に信頼を置く思想を基盤とし、国家の行動を制約する道徳律が存在するとの前提に立つ。**イマヌエル・カント**（1724－1804）が夢見た共同体の建設である。カントは著書**『永遠平和のために』**（1795年）で「自由な諸国家の連合」、さらには、国家横断的な社会的絆（世界市民主義）による普遍的・倫理的な人類共同体の理念を示唆した。その一歩が第二次世界大戦後の欧州共同体（EC）であり、その後の欧州連合（EU）も冷戦終結とソ連崩壊が希望を膨らませた。

　しかし、その流れは、反移民感情の広がりや極右政党の躍進、英国のEU離脱などによって後退している。道徳的例外主義を外交の基調としてきた米国も、自国の国益を最優先する。冷戦後に勢いを得たリベラリズムは、権力政治や地政学の逆襲に圧倒されそうだ。

　国際政治はリアリズムを超えられないのか。リアリストの主張する通り、道義で平和が実現できるわけではない。しかし、道義を無視して国際秩序を語ることもできない。現実主義の大家**E.H. カー**（1892－1982）も、理想主義を批判的に論じつつも、「力の要素を無視することがユートピア的であるように、およそ世界秩序における道義の要素を無視する現実主義も非現実的なリアリズムである」と断じた。国際政治に関わる者は、権力政治という現実の追随に終わるのではなく、現実を直視しつつも、道義の確立という理想に向けて努力すべきである。

30秒でわかる！ ポイント

理想主義とは？

| 人間の理性を信頼 | 道義によって国家の行動は制約される |

EUはカントが
夢見た人類共同体
への一歩

イマヌエル・カント
（1724－1804）

| 反移民感情 | 極右政党の躍進 | 英国のEU離脱 |

＋

「理念の灯台」に象徴される
道徳的例外主義の米国で
「アメリカ・ファースト！」が支持された。

権力政治や地政学が勢いを増す

国際政治に関わる者に必要なのは、権力政治という
現実の直視と、道義の確立という理想への努力である。

現実　　理想

バランス

▶ 05　派生する理論1
ネオリアリズム

　利己的な本質を持つ人間になぞらえた国家とパワー（特に軍事力）を分析の中心に据えた古典的リアリズムは、多国籍企業や国際機関などの非国家主体や経済相互依存を重視するリベラリズムの批判を受け、そこから、国家を超える全体構造としての国際システムの本質（アナキー）に依拠する**ネオリアリズム**が生まれた。

　そこでの国家は市場で競争する企業のように、戦争や同盟によって「力の均衡」に向けて収斂する構造的ダイナミズムの構成要素に過ぎない。独立変数は、国際システム・レベルの構造的要因であり、ユニット・レベルの国内政治要因や個人レベルの要因ではない。

　代表的理論が、**ケネス・ウォルツ**（1924－2013）の防御的リアリズムと**ジョン・ミアシャイマー**（1947－）の攻撃的リアリズムである。前者は勢力均衡（特に二極構造）の維持という**静態的理論**であり、後者はパワーの極大化を目指す**動態的理論**である。

　超大国米国の衰退が論じられるようになると、国際システムの安定を勢力均衡ではなく、覇権に求める理論が提示された。**ロバート・ギルピン**（1930－2018）の**「覇権安定論」**、**ジョージ・モデルスキー**（1926－2014）の**「長期サイクル理論」**、**ポール・ケネディ**（1945－）の**「過剰拡張（オーバーストレッチ）による衰退」論**などである。そこでは、覇権維持コストによる国力の衰退と新たな台頭国家の挑戦（覇権戦争）によって覇権は循環する（**「覇権循環論」**）。動揺する国際秩序の維持のための各国間の政策協調も強調されるが、ネオリアリズムの主眼は覇権によるリーダーシップにある。

30秒でわかる! ポイント

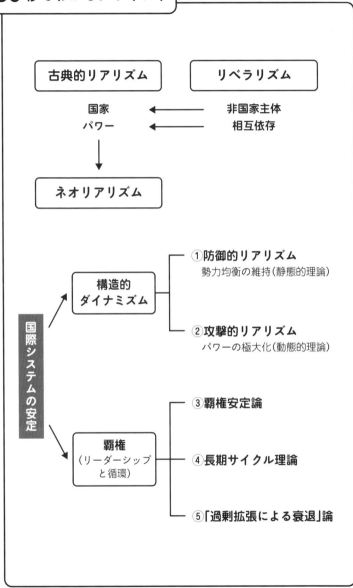

▶ 06 派生する理論2
ネオリベラリズムと構成主義

ロバート・コヘイン（1941−）と**ジョセフ・ナイ**（1937−）などネオリベラリストは、覇権がなくとも、「ゲームの理論（囚人のジレンマ）」や「国際レジーム」によって安定は維持されると説いた。パワーの興亡を超えた国際制度の「粘着性」を指摘する**ジョン・アイケンベリー**（1954−）もこの系譜につながる。総じて、相互依存、国際協力、制度を重視するが、主要な理論として、3つ挙げる。

①**複合的相互依存論**

軍事力の有効性を相対化し、互いの繁栄を脅かす戦争を起こすインセンティブを減らす

②**民主主義平和論**（Democratic Peace Theory）

平和志向の民主主義国家は互いに戦争を避ける傾向がある

③**国際レジーム論**

利己主義を乗り越え、協調による利益獲得を目指す

これに対し、**アレキサンダー・ウェント**（1958−）は、社会構成主義（コンストラクティビズム）を提唱し、**「Anarchy is what states make of it.」**（無秩序は国家が思い描くもの）の一文に込めた認識論によって第三の理論的地平を開いた。社会には固定化した構造などなく、すべては人間によって認知・解釈・定義されるものだと主張し、この人間の主観的営みを国際社会に適用したのである。そこでは、安全保障のジレンマはアイデンティティの作る副産物であり、また、構造的アナキーは、戦争状態としても協調的状態としても存在する。

30 秒でわかる! ポイント

覇権なくとも世界の安定は維持されるとの理論

ネオリベラリスト

① 複合的相互依存論

「敏感性」(政策変化の影響)と「脆弱性」(相互依存の変化に適応するコストの大きさ)によって非対称の相互依存関係がパワーの源泉となり得る。(ロバート・コヘイン/1941ー)

② 民主主義平和論

民主主義国家は互いに戦争することが少ない。
(ブルース・ラセット/1935ー)

③ 国際レジーム論

利己主義を乗り越え、協調することで利益を得る。
(ジョン・アイケンベリー/1954ー)

構成主義

社会には固定化した構造はない。すべては人間が認知・解釈・定義するもの。例えば、米国にとって英国の500個の核兵器は、北朝鮮の5個の核兵器よりも脅威でない。
(アレキサンダー・ウェント/1958ー)

▶ 07　悲観論と楽観論

悲観論が支配する国際政治

　ベルリンの壁崩壊後、冷戦後の世界像を民主主義の世界的広がりと捉えたリベラリストの楽観論が一世を風靡した。一方、冷戦期の米ソの力の均衡と核抑止による「長い平和」はソ連崩壊によって終焉した。共通の敵を失った同盟諸国の結束は弱まり、地域大国や非国家主体が跋扈し、**宗教・民族紛争が噴出して、国際秩序を揺さぶった**。9.11同時多発テロは唯一の超大国の心臓部を襲い、安全保障観を一変させた。権力政治や地政学が勢いを盛り返し、リベラリズムは後退した。

　そこでは、2つの構造的変化が強調されて悲観論を押し広げる。

　第一に、**グローバル化や技術革新に伴う負の側面**である。国際テロ、大量破壊兵器、海洋や宇宙やサイバー、経済格差、感染症や気候変動、金融危機、不法移民や難民などの問題は、国境を越えて人々の安全や生活を脅かす。

　第二に、**地政学的な対立と緊張**である。北朝鮮の核・ミサイル開発、中国の軍事力増強と海洋進出（東・南シナ海の現状変更の動き）、ロシアのクリミア併合とウクライナ侵攻、中印国境紛争、米・イラン対立と中東情勢、台湾海峡などだ。米中間では、経済や軍事をめぐる覇権争いが基本的価値をめぐる角逐を伴い「新冷戦」の様相を見せる。また、高まるナショナリズムが寛容や協力より排他や闘争を広げる。

30秒でわかる! ポイント

悲観論が増大する理由

↓

1 グローバル化・技術革新に伴う負の側面

国際テロ　　大量破壊兵器　　感染症・気候変動

経済格差　　不法移民・難民

海洋・宇宙・サイバー

2 地政学的な対立と緊張

北朝鮮問題　　中国の軍事力増強・海洋進出

ロシアのクリミア併合・ウクライナ侵攻　　中印国境紛争

米・イランの対立　　中東情勢

台湾海峡

↓

排他や闘争へ

▶ 08　4つのシナリオ

大国関係の行方

　パワーを重視するリアリズムと相互依存や価値（道義）を重視するリベラリズムという2つの理論に、米中の現状をどう認識するかという観点からの、楽観論と悲観論を組み合わせれば、大国関係の行方には右に示すような**4種類のシナリオが可能**となる。

　一国の政府の中にも、楽観・悲観ともに混在するであろう。また、軍人が悲観主義者であるとすれば、企業家は楽観主義者といえるかもしれない。

　楽観論者はこう主張する。東アジアは歴史上戦争が最も少なく、大国間の戦争がない時代にある。第二次世界大戦後、**朝鮮戦争（1950－1953年）、中印国境紛争（1962年）、ベトナム戦争（1964－1975年）、中ソ国境紛争（1969年）、中越戦争（1979年）**などが起きたが、過去40年以上、戦争は起きていない（最も広く使われている武力紛争のデータベースCOWによれば、「戦争（war）」とは1000人以上の戦闘死亡者が出る武力衝突）。

　そして、人々は豊かになった。極度の貧困（1日1.9ドル未満での生活）は激減し、中国は2020年11月に極度の貧困からの脱却を宣言した。人口6億人の東南アジア10カ国の中間層・富裕層（1年間の家計所得が5000ドル以上）は過去10年で4億人以上と倍増した。

　一方、2020年の新型コロナ・パンデミックでは、雇用が奪われる一方で、社会的セーフティーネット（安全網）が脆弱なために、貧困層に転落する人達も増えた。

30秒でわかる！ ポイント

 大国関係の4つのシナリオ

悲観論

| 現実主義 | 理想主義 |

「トゥキディデスの罠」

→軍事衝突
経済デカップリング

**中国共産党の指導強化
によるイデオロギー対立**

→「新冷戦」

ウェスト
ファリア秩序 ⇔ リベラル
秩序
（内政不干渉） （自由・人権・法の支配）

覇権安定論

→米国主導の世界秩序

経済相互依存と多国間主義

→自由で開かれた
国際経済システムの下での
「責任あるステークホルダー」
としての中国

楽観論

世界の貧困者数の推移

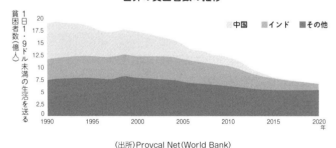

貧困者数（億人）
1日1・9ドル未満の生活を送る

■中国　■インド　■その他

20
17.5
15
12.5
10
7.5
5
2.5
0
1990　1995　2000　2005　2010　2015　2020年

（出所）Provcal Net（World Bank）

10 hour
International
Politics

2

国際政治を
動かす
3要素

► 01　パワー・国益・価値

三者の
関係は？

　リアリストが重視するパワーと国益、リベラリストが重視する価値（道義）という3要素が国際政治を動かしてきた。

　両大戦間期に、カーは、道義を無視することが「非現実的なリアリズム」であると喝破し、大戦後、モーゲンソーは、「パワーとして定義される利益」を中心に据え、現実主義国際政治学を確立した。**パワー・国益・価値**という3要素の関係をどう理解すべきか。

　第一に、**パワーと国益の関係**である。モーゲンソーの定理が示す通り、国益は適切なパワーによって支えられる必要がある。

　第二に、**パワーと価値の関係**である。権力政治という現実の追随に終わるのではなく、現実を直視しつつも、道義の確立という理想に向けて「希望がなくともその課題に取り組まなければならない」（S・ホフマン／1928－2015）。

　第三に、**国益と価値の関係**である。両者を分けるべきか、それとも価値を国益に含めるべきか。日本の国家安全保障戦略（2013年）は、普遍的価値に基づく国際秩序の擁護を国益に位置付けた。

　国際政治において価値の役割は小さくない。米国外交の底流には、道義を重視した**ウィルソン大統領の理想主義**がある。それは、「悪しき世界」から「良き米国」を守るという「孤立主義」にもなれば、米国の進歩的価値を世界に広めるという「国際主義」ともなった。リアリストは警鐘を鳴らした。**ジョージ・ケナン**（1904－2005）は、「法律家的・道義主義的アプローチ」が米国の最も重大な政策的過誤だと指摘した。

30秒でわかる! ポイント

国際政治を動かす3要素

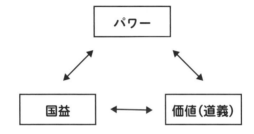

パワー

国益 ←→ 価値(道義)

例えば、国際秩序は、パワーの体系であり、
利益の体系であり、価値の体系でもある。

いずれかの要素を無視して良いわけでない

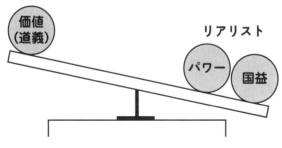

リベラリスト

価値
(道義)

リアリスト

パワー　国益

10 hour
International
Politics
2

国際政治を
動かす
3要素

▶ 02 「パワー」とは何か？

パワー分布は不平等で、相対的に機能する

第一に、国家の「主権」は原則平等だが、**国家の「パワーの分布」は平等ではない**。主権国家以上の権力主体が存在しない「アナキー」な国際社会においてパワーの差（大国と小国）は決定的だ。国際政治が「権力政治」と言われるゆえんだ。

第二に、国際政治における**パワーは相対的であり、変化もする**。リアリストは、勢力均衡、つまり国家と国家のパワーが釣り合っていることを重視する。ナポレオン戦争後の欧州は、ウィーン体制の下で、歴史上最も長く平和と安定を維持した。そこには、大国間の勢力均衡が存在した。

問題はパワーをどう測るかである。モーゲンソーは、国力の要素として、**地理、天然資源、工業力、軍備、人口、国民性、国民の士気（世論）、政府の質（外交の質）**を挙げた。右図はこれに著者がいくつかの要素を加えて作ったピラミッドである。

軍事力の中では、「相互確証破壊」（Mutual Assured Destruction: 一方が核兵器を先制的に使えば、最終的に双方が必ず核兵器により完全に破壊し合うことを互いに確証する）能力を持つ核兵器の存在が大きい。冷戦期には、核抑止理論の下、増産と破壊力向上に鎬を削った。冷戦後も、北朝鮮やイランの核開発、テロリストへの拡散の危険など核をめぐる問題は続く。また、**サイバー攻撃、ロボットや無人機の軍事利用、宇宙の軍事化、AI兵器の登場**など、軍事や安全保障の分野には変革の波が押し寄せる。貿易・投資上の規制や制裁関税を「武器」とする貿易戦争のハードルも低くなった。

30 秒でわかる！ ポイント

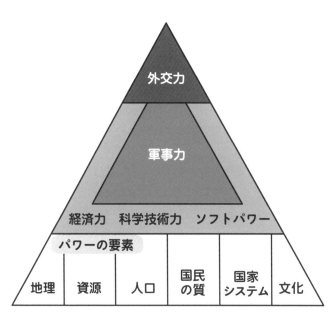

国家のパワーピラミッド

外交力

軍事力

経済力　科学技術力　ソフトパワー

パワーの要素

| 地理 | 資源 | 人口 | 国民の質 | 国家システム | 文化 |

米国のパワーとは
通貨金融システムの力（基軸通貨ドル）・情報の力（国際語である英語、世界的メディア、最先端IT）、正義の力（自由や人権や法の支配といったリベラルな価値）、生命の力（先進医療、豊かな自然）、ソフトパワー（大学教育、ハリウッド、NGOなどの人道援助）

10 hour
International
Politics
2

国際政治を
動かす
3 要素

▶ 03　パワー・国益・安全の関係

国家の生存を
左右する相互制約

「死活的国益」(A) である「安全」(B) という主観的な目標と「パワー」(C) という相対的な手段の関係をどう規定するか。3者の関係は時に「安全保障のジレンマ」(12-07参照) を生み、軍拡競争にもつながる。この関係を押さえることなくして国家は生存し得ない。

　モーゲンソーの定理 (2-01参照) も踏まえ、**「A：死活的国益」「B：国家・国民の生存と安全」「C：パワー」**という3者の関係を同心円によって表してみると、右のような4つの類型になる。

　図①は、3者が等置される**理念型**である (A を B に限定することは国際平和につながる)。しかし、国家の安全保障環境やパワーの大きさは異なるため、多様な同心円②〜④が生まれる。

　図②は、A を C 以上に拡張し、パワーを無視して国益追求に走る**膨張主義国家**である。日中戦争から太平洋戦争に突き進んだ日本はこれに該当する。

　図③は、台頭する大国の周辺に位置する**中小国家**である。安全という最低限の国益 (B = A) を確保するだけのパワーを欠くため、周辺大国の地域覇権を受け入れる (バンドワゴン) か、或いは、遠くの別の大国との同盟に依存するかの選択を迫られる。日本は経済大国だが、それに見合う軍事力、特に核兵器や ICBM を保有していないため、米国の核の傘に依存している。

　図④は、**覇権国家**である。19世紀の英国や20世紀の米国は、自国の安全 (B) を超える同盟国の安全や国際秩序の維持を自国の国益 (A) と位置付け、そのパワーを振り向けた。

30秒でわかる! ポイント

死活的国益、パワー、国家・国民の生存と安全の
3者の関係にみる国家の形

① 理念型
・3者が等置される

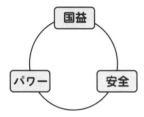

② 膨張国家型
・戦前の日本

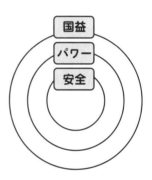

③ 中小国家型
・台頭する大国の周辺
に位置する中小国家

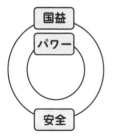

④ 覇権国家型
・19世紀の英国や20世紀
の米国

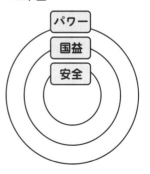

10 hour
International
Politics
2

国際政治を
動かす
3 要素

▶ 04 「国益(national interest)」とは何か?

国家の4要素と死活的国益

第一に、**国益とは、国家が追求する利益**であり、個人や企業が追求する利益ではない。グローバル化の時代、多国籍企業やNGO、そしてテロリストなどの非国家主体の役割が高まっているが、中心的役割を果たしているのが国家であることに変わりはない。

「国家」は、①**永久的住民**、②**明確な領域**、③**実効的支配を及ぼす政府**、④**他国と関係を取り結ぶ能力**、の4つの要素を持つ法人格とされる。ここでは、主権、すなわち、対内主権③と対外主権④を一つに括り、「国家」を国民、領土、主権の3要素からなる国際社会の主体として捉える。3要素のどれか1つを欠いても、国家として存続するのは困難となる(**「失敗国家〈failed state〉」**と呼ばれ、南スーダンやソマリアやイエメンなどがその例である)。国家・国民の安全、領土の防衛、主権の確保は国家が守るべき最重要利益だと言える。これらを、「死活的国益」と呼ぶ。

第二に、「国家」の利益と言う場合、それは**「他の国家」の利益ではない**。世界には約200の国家が存在し(国連加盟国は193カ国)、これらの国すべてに国益がある。それらの国益は互いに一致したり、対立したり、その関係は多様である。外交に関わる者は、世論を形成する国民やメディアを含め、**自国に国益があれば、他国にも国益がある**という国際社会の現実を認識する必要がある。その上で、対立する国益を平和的手段(対話や交渉)によって管理する(紛争の予防・解決)と同時に、共有する国益を広げ、制度化する(国際条約の締結)努力を積み重ねることが重要である。

30秒でわかる! ポイント

国家の条件とは

① 永久的住民がいる

② 明確な領域がある

③ 実効的支配を及ぼす政府
がある

④ 他国と関係を取り結ぶ能
力がある

1つでも欠ければ

失敗国家

国が守るべき
最重要利益とは

・国家・国民の安全
・領土の防衛
・主権の確保
=
死活的国益

住民

領域

政 府

10 hour
International
Politics
2

国際政治を
動かす
3要素

▶ 05　価値の重み

力か正義か？
価値か利益か？

　冷戦後に唯一の超大国となった米国は、2003年、イラクに対して予防戦争に近い先制攻撃を行った。台頭中国は、南シナ海での領有権主張を退けた**ハーグ仲裁裁定**（2016年）を「紙くず」と呼んで、力による現状変更を続けた。米国は、中国の人工島周辺海域に軍艦を派遣して**「航行の自由作戦」**を展開し、「法の支配」を強調する。中国は国連海洋法条約（UNCLOS）を批准していない米国にその資格はないと非難する。

　古来、**大国はパワーに訴え、小国は道義に訴えてきた**。裁き（正義）は勝者によってなされ、ルールは大国によって作られてきた。極東国際軍事裁判（東京裁判）は、罪刑法定主義に反する事後法の遡及適用や戦勝国判事のみの構成などから、「勝者の裁判」と批判されてきた。しかし、敗戦国日本は同裁判受諾により国際社会復帰を果たした。これも国際政治の現実だ。

　日米安全保障共同宣言（1996年）は、「両国の共有する価値観及び利益」と表現し、**日米同盟が「価値の同盟」**であることも鮮明にした。利益は内外の諸条件の変化で変わるが、民主主義や人権や法の支配などの「普遍的（基本的）価値」は変化しない。日米同盟を支えてきた理念的基礎である。

　韓国とは、北朝鮮の脅威という安全保障上の利益を共有するが、慰安婦や徴用工などの歴史（韓国の価値）が民主主義という共通の価値を圧倒する。

国際政治

VS

日米同盟は価値の同盟でもある

日本と韓国の関係

＝　安全保障 ＜ 価値

日韓両国は北朝鮮の脅威という安全保障上の
利益を共有するが、価値の共有に困難がある
（慰安婦や徴用工などの韓国の価値が
民主主義という共通の価値を圧倒）。

10 hour
International
Politics

2

国際政治を
動かす
3要素

▶ 06 価値の優位

歴史的スピーチに表れた価値による力の結集

　カーは、**「政治行動は、道義と力との整合の上に立って行われなければならない」**と述べたが、危機において、価値によって力を結集した政治家もいた。

　1940年5月、ダンケルクで英軍が壊滅の危機に瀕し、ヒトラーとの和平か戦争かで意見が割れた閣僚たちを前に、チャーチル首相はこう演説した。

　「イギリスは奴隷国家になってしまう……この長い歴史を持つ私たちの島の歴史がついに途絶えるのなら、それはわれわれ一人ひとりが、自らの流す血で喉を詰まらせながら地に倒れ伏すまで戦ってからのことだ」

　閣僚たちは感極まり、衆議は戦争に決した。英国は**「隷属する生存」**ではなく、**「犠牲を伴う自由」**を選んだのである。

　1941年5月27日、ルーズベルト大統領は孤立主義に浸る米国民に参戦の大義を説いた。「我々はヒトラーに支配される世界を受諾しない。……我々はただ、言論と表現の自由、各人が自分自身のやり方で神を信仰する自由、欠乏からの自由、そして恐怖からの自由に捧げられた世界のみを受諾するだろう」

　1940年、ドイツの侵攻を受けたフランスでは、ヒトラーの支配に隷属するヴィシー政権が樹立されたが、**ド・ゴール**（戦後の第18代フランス大統領）は亡命先のロンドンで自由フランス政府を樹立し、祖国の自由のために戦い抜く道を選んだ。

30秒でわかる！ ポイント

第二次大戦時の各国リーダーのスピーチ

 英国／チャーチル首相

私たちの歴史が途絶えるなら自らの流す血で喉を詰まらせ地に倒れ伏すまで戦ってからだ

 米国／ルーズベルト大統領

我々はヒトラーに支配される世界を受諾しない。言論の自由、信仰の自由、欠乏からの自由、恐怖からの自由に捧げられた世界のみを受諾する

 仏国／ド・ゴール

何があろうとフランスの抵抗の火は消えない。消してはならない

▶ 01　外交の目標としての国益

国益外交の
要諦とは？

外交は、二国間や多国間で相互の国益を調整し、合意を作り出す交渉を主たる活動とする。その前段としての外交政策の決定過程も広義の外交の中に位置付けられよう。しかし、「すべての時代とすべての国際体制において、意思は衝突し、利害は対立し、周期的に戦争に至った」（J・フランケル（1913－1989））。権力政治を特徴とする国際政治では、相対的な力の差が外交交渉に影響を与え得る。それは、「砲艦外交」や「棍棒外交」（11-06参照）となって表れた。東南アジア諸国連合（ASEAN）との会議で中国の外相は、**「ある国は大国であり、ある国は小国である。これが現実である」**と威圧した。国益外交の要諦は何か？

第一に、**パワーを踏まえた国益の確定**である。そのためには、自国と他国のパワーや国益を比較し、相手の能力と意図を見極めることが重要だ。

第二に、国益実現のための**パワーの動員と戦略・政策の立案**である。国際情勢の変化に応じた国益の優先順位付け、及びその実現のためのパワーの動員を含む戦略の策定が必要だ。

第三に、国際社会の平和と繁栄の中に自国の国益を位置づける**「積極的国際協調」外交の推進**。それは、「一国平和主義」や「自国第一」を退ける。自国の利益と国際社会の利益（国際益／世界益）の両立のための開放性と協調性を持つ「開かれた国益」を追求すべきである。たとえ、それがナイーブでユートピアニズムだと批判されても。

30秒でわかる！ ポイント

外交はパワーの動員と戦略・政策の推進による国益の追求

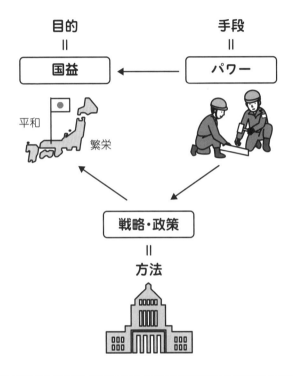

目的
=
国益

手段
=
パワー

平和
繁栄

戦略・政策
=
方法

外交の要諦

1　パワーを踏まえた国益の確定
2　パワーの動員を含む戦略・政策の立案と実施
3　「積極的国際協調」外交の推進

▶ 02 「死活的国益」の確定

国家の
生存と安全

　国益の確定において重要なのは、戦争も辞さない姿勢で守り抜く「死活的国益」を明確にすることである。

　ドナルド・ニューヒターライン（1925－）は、長期的・基本的国益（「不変の国益」）を、①自国の安全と存立を維持する**「国防上の国益」**、②貿易などを通じて国家の繁栄を維持・拡大する**「経済的国益」**、③平和な国際環境を維持・増進する**「世界秩序としての国益（国際的国益）」**とし、①を**死活的国益**に位置付けた。

　モーゲンソーは、他国の脅威に対する自己保存（「物理的、政治的、文化的な一体性の保持」）を恒久的・一般的な「第一次的国益」、政治的・文化的文脈（圧力団体や政党などの介在）の中で、その都度決定される国益を「第二次的国益」とした。そして、前者以外の国益は「余得」と考えるなど、**国益を適切に制限することで平和を維持すべき**（外交を通じた「調整による平和」）と説いた。

　しかし、具体的にいかなる国際問題が死活的国益にあたるかは自明ではない。「死活的国益」概念が国益追求の歯止めとならず、むしろ免罪符ともなった。ベトナム戦争では、東南アジアの「共産化」阻止が米国の死活的国益とされ、20万の死傷者を出し、4000億ドルの国費を投入しながら南ベトナム防衛に失敗した。しかし、この敗北が米国の安全や生存を脅かすことはなく、死活的国益とは言えない戦争であった。当時の**マクナマラ国防長官**は、著書『果てしなき論争』において、**ホー・チ・ミン**（1890－1969）の運動の「民族主義」的側面（祖国統一の願望）を過小評価していたと回顧した。

30 秒でわかる！ ポイント

ニューヒターラインの国益

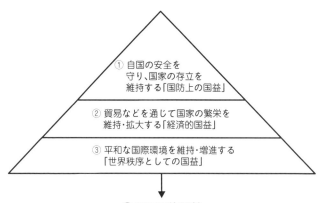

① 自国の安全を
守り、国家の存立を
維持する「国防上の国益」

② 貿易などを通じて国家の繁栄を
維持・拡大する「経済的国益」

③ 平和な国際環境を維持・増進する
「世界秩序としての国益」

①が死活的国益

→何が国家の生存と安全を脅かす「死活的国益」にあたるかは自明でない。

**冷戦中、インドシナ防衛が米国の「死活的国益」とされて
ベトナムとの戦争に突入**

ベトナム戦争当時の
マクナマラ国防長官は…

「ホー・チ・ミンの運動の、
祖国統一に向けた民族主
義的側面を過小評価して
いた」と回顧

軍事力発動と、政治または
外交目的の達成の関係に
無理解であった。
（『果てしなき論争』）

大失敗

祖国統一の願望 ◀▶ 東南アジアの共産化阻止

ホー・チ・ミン

マクナマラ

▶ 03 「全体性」の論理

沖縄基地問題に見る国益と地方益

　国益の決定過程では、国家・国民全体の利益を反映する「**全体性**」の論理が必要で、一部の利益が全体の利益を損なうことのないよう注意すべきだ。同時に不利益を被る国民への誠意ある対応も必要である。例えば、**「国家の利益」という全体の論理がその一部である「地方の利益」と対立する場合**である。

　国家の安全保障にとって米軍基地は必要だが、多くの沖縄県民は、事故や事件や騒音が絶えない基地の撤去を求める。この問題の本質は、利益と負担の公平性が欠如していることにある。厳しい言い方をすれば、沖縄県民以外の国民は国家の安全という利益を享受するために、「思いやり予算」（在日米軍駐留経費の日本側負担）や沖縄振興のための税金は負担しても、基地の存在に伴うさまざまなリスクや不利益は沖縄の人々に押し付けてきたのである。他方、沖縄の持つ地政学的条件は沖縄にしか存在しないことも事実である。米軍普天間飛行場の名護市辺野古移設には、「国家の安全」という国益と「地方の安寧」という「地方益」の折り合いをどうつけるかという民主主義国家ならではの国益論が横たわる。

　また、族議員や利益集団の声や行政側の「忖度」によって、国益としてあるべき「全体性」が歪められることもある。ソ連封じ込め戦略を提起したジョージ・ケナンは、**「国民全体の利益」**より**「国内政治における不可避の競争の一当事者として代弁する利益」**が「決定的に、不当に、優勢である」と指摘した。

30秒でわかる! ポイント

沖縄基地問題の対立軸

国家の利益　**VS**　地方の利益

沖縄の基地問題では両者の対立に
どう折り合いをつけるかが問われる。

国の主張

米軍基地は日本の
安全保障に必要!

沖縄以外の国民は「思いやり予算」や沖縄振興のための税負担に応じるが、
基地の存在に伴うリスク・不利益は沖縄の人々に押し付けてきた。

沖縄に存在する米軍基地

沖縄県の総面積の8%
(本島に限れば15%)
の土地に31の米軍専
用施設が存在。全国の
米軍専用施設面積の約
70%が集中。

(出所)防衛省ホームページ

10 hour
International
Politics

4

イメージ・
感情の
影響力

▶ 01　映像の力と人間の感情1

政治を動かした映像

　国際政治に影響する要素の一つに、**映像の力**がある。

　冷戦後に世界に広がった希望は9.11同時多発テロ後の世界の混迷の中で恐怖に取って代わられた。言葉や映像がリアルタイムで世界に拡散し、一般大衆の感情形成にインパクトを与え、政治を動かすことがある。

　9.11のテロ攻撃で航空機が激突し炎上し倒壊する映像が米国民に与えた衝撃は空前絶後の大きさであった。「安全」の概念が崩壊し、政治は感情に支配された。その時の**「落下する人（the falling man）」のイメージは絶望と恐怖を象徴**した。

　そして、圧倒的多数の国民がテロリストへの懲罰という戦争を強く支持した。危機が国民を団結させ、ブッシュ大統領の支持率は米国史上最高の90％に跳ね上がった。9.11は超大国を戦場も敵も見えない非対称な「テロとの戦い」に駆り立てた。

　シリア内戦は何百万もの難民を生んだ。欧州に逃れる途中でボートが難破し、**1人の幼児が砂浜に打ち上げられた**。その溺死体の写真が世界に衝撃を与え、政治を動かした。写真を扱った英デイリー・メール紙は、「人道的惨事の小さな犠牲者」と見出しをつけた。批判の矛先を向けられないよう、政治家の発言は「人道」を語る言葉一色となった。

映像の力が政治を動かした

写真：ロイター/アフロ

写真：ロイター/アフロ

2001年9月11日、テロ組織アルカイーダによって乗っ取られた2機の旅客機がニューヨークの世界貿易センタービル2棟に衝突炎上。ビルは崩壊し、民間人2192人、消防士343人、警察官71人、旅客機の乗客乗員147人、ハイジャック犯10人が死亡した。

テロ攻撃によって炎上するビルの屋内から逃げ場を求めて落下する男性。テロの恐怖を象徴する写真。

2015年9月2日、海岸に打ち上げられた幼児の遺体を抱え上げるトルコの警察官。彼らが乗っていたシリアの難民ボートはギリシャ領の島に向かう途中で沈没した。

写真：AP/アフロ

10 hour
International
Politics
4

イメージ・
感情の
影響力

▶ 02　映像の力と人間の感情2

国内の
反応を意識した
パフォーマンス

　これらの写真は日中首脳会談の握手の光景を時系列に並べたものである。**両首脳の表情の変化**が見て取れるだろうか。

　1枚目（①）は、2014年11月10日のアジア太平洋経済協力（APEC）（北京）の際の会談だ。2012年9月の尖閣諸島の「国有化」や2013年12月の安倍首相の**靖国神社参拝**が影響して、この日まで日中首脳会談は開かれなかった。習近平国家主席は安倍首相の差し出した手を握ったが、**終始硬い表情**であった。中国政府は、会談後にホームページで「日本側の要請によって実現した」と発表した。

　2枚目（②）は、2017年11月11日のAPEC（ベトナム・ダナン）の際の会談だ。習国家主席は安倍首相と握手し、笑みを浮かべている。その直前の党大会で**「習一強」体制**を固めた余裕すら感じさせた。日本メディアは日中関係改善が期待されると報じた。

　3枚目（③）は、2019年6月27日のG20（大阪）での首脳会談だ。両人の表情は和らぎ、積極的・友好的な雰囲気を醸し出している。米中貿易戦争が激化する中、中国は日本との関係を改善する必要に迫られた。日本メディアは**中国が「秋波」**を送ると報じた。

　一党支配の中国においてもネットでの「民意」は無視できない。握手にも、その時々の国家関係や国際情勢に加え、国民のイメージや感情が微妙に反映される。

30秒でわかる！ ポイント

国内の反応を意識した、日中両首脳の表情に注目

写真：ロイター/アフロ

2014年のAPEC（北京）での日中首脳の写真。習国家主席の表情は終始硬い。前年の安倍首相の靖国参拝の影響で、この時まで日中首脳会談は行われなかった。

写真：新華社/アフロ

2017年のAPEC（ベトナム・ダナン）での両首脳。「習一強」体制を固めた余裕すら感じさせる笑みを浮かべる習主席。

写真：毎日新聞社/アフロ

2019年のG20（大阪）での首脳会談。両者の表情は柔らかく、積極的・友好的。米中貿易戦争が激化する中、中国は日本との関係改善に動いていた。

10 hour 　　　4
International
Politics

イメージ・
感情の
影響力

▶ 03　イメージと認識

国民感情の形成と
外交への影響

　ある国家や指導者のイメージ、国際的事件や外交活動に対する認識（パーセプション）も重要である。例えば、北朝鮮の金正恩委員長をどんな人物として認識するか。国民の人権を抑圧し、党や軍の幹部を粛清し、国連安保理決議に違反して核実験やミサイル発射を強行して周辺国を威嚇する独裁者である。果たして、そんな相手と対話や交渉ができるのか？　過去の交渉から明らかな通り、信用できる相手ではないとの答えが多いだろう。ワシントンDCには、交渉など無駄で、**「レジーム・チェンジ（体制転換）」**しかないと主張する政治家や官僚もいる。一方、トランプ大統領は、**「我々は恋に落ちている」**と言ったり、**「金正恩は非常に賢い男だ」**と持ち上げたりした。

　対人・対外認識は、限られた情報に基づく先入観、恐怖心や希望的観測に影響され、それが外交政策の決定に影を落とす。

　また、国民が抱くイメージや感情は変化し、外交に影響を与える。例えば、中国に対する日本の国民感情は大きく変化してきた。1980年には80％近くが中国に親しみを感じていたが、**今では80％以上が親しみを感じていない**。一方、中国の対日感情は近年訪日観光やアニメなどのポップ・カルチャーを通じて改善しており、半分近くが「良い」と回答している。

　日中関係を論じる上で、こうした国民感情の変化を見落としてはならない。**イメージや国民感情の形成に及ぼすメディアの影響力**、そして報道のあり方にはもっと注意が払われて然るべきである。

30秒でわかる! ポイント

イメージや感情の影響を受ける外交

金正恩委員長のイメージは？

信用できない！
交渉しても無駄！
体制転換しかない！

タカ派

金正恩

我々は恋に落ちている！
金正恩は非常に賢い男だ！

トランプ

日本人の中国に対するイメージの変化

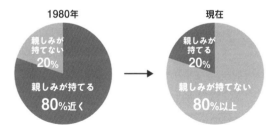

1980年

親しみが持てない 20%

親しみが持てる 80%近く

現在

親しみが持てる 20%

親しみが持てない 80%以上

一方、中国人の対日感情は近年、改善。
国民感情の変化を見ずに日中関係は論じられない。

column

メーロス対談

アテナイの将軍として戦場に身を置いたトゥキディデスが著した『戦史』の中で有名なのが、スパルタの植民都市国家メーロス島に遠征し包囲したアテナイ軍の使節とメーロスの高官の交渉を描いた「メーロス対談」である。トゥキディデスは、国益や正義がパワーによって決まるリアリズムの世界を生々しく描いている。

メーロス高官は、アテナイとスパルタの間での中立を望み、理性と正義を訴え、攻撃が神や人民を怒らせ、スパルタ軍の介入を引き起こすだろうと申し立てる。しかし、アテナイ使節は、「強者と弱者の間では、強きがいかに大をなし得、弱きがいかに小なる譲歩をもって脱し得るか、その可能性しか問題となり得ない」と一蹴する。

自由の保持のために抵抗するメーロスへの城攻めは続いた。スパルタ軍は支援に来ず、メーロスは降伏し、メーロス人成年男子全員が死刑に処され、婦女子供らは奴隷にされた。

トゥキディデスがメーロス対談で伝えたかったことは何か？

第一に、正義を欠いた強者の傲慢である。強者と弱者の間に正義など存在しない、という台頭国家の傲慢や過信はその後のシケリア遠征の大失敗とアテナイの衰亡を招く原因となった。

第二に、安全か自由かという選択である。メーロスは正義や自由という価値に国運を賭けた結果、国家も国民も滅んだ。アテナイ軍に勝てる見込みはなく、スパルタの来援も希望的観測に過ぎなかった。情勢判断や情報収集の不備が国家の命運を左右した。国家存亡の時にあっては、自由より安全を選ぶべきではなかったか。

第2部

歴史編

古代ギリシャ
から近代主権
国家成立まで

▶ 01　大国の覇権争い

「トゥキディデスの罠」

　古代ギリシャの歴史家でありアテナイの将軍でもあった**トゥキディデス**が著した『**戦史（ペロポネソス戦争史）**』は、今日も色褪せないリアリズムの古典である。紀元前431年から27年間の長きにわたって続いた（第2次）ペロポネソス戦争はギリシャ全土を破壊と殺戮に陥れ、アテナイの降伏開城をもって終わる。戦場に身を置いたトゥキディデスは、「この大動乱の原因を後日追究する人の労をはぶきたい」と前置きして、こう述べている。

　「アテナイ人の勢力が拡大し、スパルタ人に恐怖を与えたので、やむなくスパルタ人は開戦にふみきったのである」。

　トゥキディデスは、開戦に至らしめた直接の誘因としていくつかの事件を取り上げて克明に記録しているが、ギリシャ全土を荒廃させた長い戦争の根本原因については、**新興アテナイのパワーの増大と大国スパルタの恐れにあった**と結論づけた。

　ハーバード大学の**グレアム・アリソン教授**（1940-）は、この結論を歴史的経験則として**「トゥキディデスの罠」**と呼ぶ。彼の研究チームは、16世紀以降、台頭した大国が既存の指導的大国に挑戦した16のケースのうち12で戦争になったと発表した。その一つとしてよく引かれるのが第一次世界大戦につながった**大英帝国と新興ドイツ帝国の対立**だ。歴史の経験則はその後の歴史にも当てはまると警鐘を鳴らしたのである。今日、懸念されるのが米中関係である。現在の流れが続けば、将来、**米中戦争の可能性は、考えられているよりもずっと蓋然性が高い**と指摘する。

30 秒でわかる! ポイント

「トゥキディデスの罠」

（挑戦国）　　　　　　　　　　　　（覇権国）

アテナイのパワーの増大　◆━━▶　スパルタの恐れ

ペロポネソス戦争勃発

エーゲ海

●アテネ

●スパルタ

■ スパルタ陣営
■ アテナイ陣営

建艦競争

ドイツ帝国の野心と軍拡　◆━━▶　大英帝国の恐れ

第一次世界大戦勃発

貿易戦争

中国の「強国強軍」　◆━━▶　米国の恐れ

米中戦争へ？

10 hour
International
Politics
5

古代ギリシャ
から近代主権
国家成立まで

▶ 02　権力政治の原点

マキャベリの「君主論」と「国家理性」

　ニッコロ・マキャベリ（1469－1527）は、周辺諸国の侵攻や国内諸勢力の抗争によって混乱の極みにあったイタリアの都市国家フィレンツェ共和国の高官として外交と軍事を担当し、敗戦の中で捕らわれて拷問を受けた。そんな過酷な経験がリアリズムの原型と言われる『**君主論**』（1513年）を生んだ。マキャベリは、イタリア統一を実現し独立を守るためには、**君主は宗教や道徳ではなく、力を信奉すべき**で、力のみが国家存続の唯一の条件である、と論じた。君主論にはこんな一節がある。「君主が自身の力を保つためには、どのように悪を行うのかを知り、またそれを必要に応じてどのように使うか、また使わないかを知ることが必要である」「愛されるよりも恐れられたほうが安全である」

　「ある（to be）」と「あるべき（ought to be）」を峻別し、世界をあるがままに捉える政治思想（現実主義）は、**目的のためには手段を選ぶな**といった政治術（**マキャベリズム**）とともに、欧州の政治に大きな影響を与えた。

　その思想を内に秘めた政治原理である「国家理性」（「raison d'État」）を実践したフランスの首席大臣**カーディナル・リシュリュー枢機卿**（1585－1642）は、ルイ13世治世のフランスを欧州の大国に押し上げた。ドイツの歴史学者**フリードリッヒ・マイネッケ**（1862－1954）は、「国家理性」を「自己の利益という利己主義によって駆り立てられ、他の一切の動機を容赦なく沈黙させる、という一般的な規則」と定義した。

「君主論」

**君主は宗教や道徳ではなく、力を信奉すべきである。
力のみが国家存続の唯一の条件である**

君主が力を保つ
ためには、悪を必
要に応じてどう
使うか、使わない
かを知ることが
必要だ

人間とは恩知ら
ずで、気まぐれ
で、不誠実、卑怯
で貪欲である

ニッコロ・マキャベリ
(1469−1527)

「ある」と「あるべき」を峻別せよ → 政治思想（現実主義）
目的のためには手段を選ぶな！ → 政治術（マキャベリズム）

「国家理性」(raison d'État)

カーディナル・リシュリュー枢機卿が実践し、
フランスを大国に押し上げた

リシュリュー

10 hour
International
Politics
5

古代ギリシャ
から近代主権
国家成立まで

▶ 03　ホッブズの無秩序世界

主権国家概念の確立

　フランスの法学者ジャン・ボダン（1530−1596）は、内戦による無秩序の中において平和を回復するには何物にも侵されない「最高・唯一・不可分の権力」としての主権を認める必要があると説いた（『国家論六篇』1576年）。ボダンの議論を社会契約説によって推し進めた**ホッブズ**は、人間の本性を極めて悲観的に捉えた（『リヴァイアサン』）。

　すなわち、人間は生まれつき自己中心的で、国家のない「自然状態」においては私利私欲に走って互いに相争うため、自己保存のために暴力を用いることは「自然権」として肯定される。

　しかしそれでは、人間は互いに殺し合い（「**万人の万人に対する闘い**」）、最後には絶滅してしまうほかない。無秩序の世界から抜け出るためには、自然権を放棄し、「一個人（国王）又は合議体（議会）」に譲り渡すことで成立する唯一絶対不可分の主権を持つ国家が必要だ。こうして、国家は暴力を独占することで国民を法に従わせ、社会の安全を保つ。**マックス・ウェーバー**（1864−1920）は、これを**「正当化された暴力の独占」**と呼んだ。それができない国家は「失敗国家」である。

　人間は主権に服従することで、安全を保障される。つまり、「絶対的な権力」である主権を持つ国家しか暴力（警察や裁判所による公権力）は行使できなくなり、必然的に「万人の万人に対する闘い」は起こらず、平和で安定した秩序が保たれる。

　このホッブズの思想が近代主権国家成立につながっていく。

「万人の万人に対する闘い」からどう逃れるか?

ホッブズが『リヴァイアサン』
で伝えたかったこと

・人間は生来自己中心的な生き物

・「国家」のない「自然状態」では私利
私欲に走り、互いに争い合う

・そうした世界では、人間は自己保存のために暴力を用いることは「自然権」として肯定される

・しかしそれでは互いに殺し合い、最後には絶滅

・無秩序から抜け出すためには「自然権」を一個人又は合議体に譲り渡すことによって成立する唯一絶対不可分の主権を持つ国家が必要

国家主権

正当に暴力を独占することで、
国民を法に従わせ、平和で安定した秩序を保つ

近代主権国家成立

10 hour
International
Politics
5

古代ギリシャ
から近代主権
国家成立まで

▶ 04　国家主権の下での
　　　安全か自由か？

スピノザ、ロック、
ルソーの思想

　オランダの哲学者**スピノザ**（1632－1677）は、著書『**国家論**』（1675－1676年）において、「平和が臣民の無気力の結果に過ぎない国家、獣のように隷属することしか知らない国家は国家というより、曠野と呼ばれてしかるべき」と説いた。スピノザは、肉体の安全のみならず、精神の自由、すなわち、思想・言論・表現の自由を認めることなくして国家体制の安定と平和はないと主張した。

　安全と自由の関係をどう考えるべきか。イギリスの思想家**ジョン・ロック**は、もし国家が主権を適切に行使しなければ、主権者である国民は抵抗権を行使し、委ねた自然権を取り戻したり、時には国家を打倒したりすることができると考えた。

　「自然状態」をロックが考える以上に自由で平等な平和な状態と見なしたフランスの思想家**ジャン＝ジャック・ルソー**は、そうした自由で平等な状態は、私有財産制の下で増大した個々人の欲望によって歪められると考え、公共の福祉を目指す「一般意志」を働かせる必要があると主張した。

　ロックやルソーの思想は、米国独立宣言やフランス革命に影響を与えた。米国合衆国憲法修正第2条は、「自由な国家の安全」にとって規律ある民兵が必要であるとして、「人民が武器を保有しまた携行する権利」を認めている（2008年の米国最高裁判決は、「民兵」及び州兵制度に属する一員としての集団的権利ではなく、「人民」の個人的権利であるとした）。しかし、「銃社会」米国の現状は、「抵抗権」というより、「自然権」の一部が人民に残されたかのようだ。

スピノザの国家観

肉体の安全のみならず、精神の自由、思想・言論・表現の自由を認めなければ国家体制の安定と平和はない

バールーフ・デ・スピノザ
(1632−1677)

ロックの国家観

国家が主権を適切に行使しなければ、主権者である国民は自然権を取り戻し、国家を打倒することができる

ジョン・ロック
(1632−1704)

ルソーの国家観

自由で平等な状態は、私有財産制の下で増大した国民個々人の欲望によって歪められる。公共の福祉を目指す「一般意志」が必要だ

ジャン=ジャック・ルソー
(1712−1778)

▶ 01 ウィーン体制

勢力均衡の 設計師 メッテルニッヒ

　宗教戦争に代わる国益戦争が際限のないものとなる中、「近代自然法の父」と呼ばれる**グロティウス**は、『**戦争と平和の法**』(1625年)を著し、神から自立した人間に内在する理性（正義）を根源とする自然法の規範によって戦争を規制しようとした。その後、遅々とした歩みではあったが、国際法や国際機関による平和への努力が続けられてきた。

　一方、「勢力均衡」によって戦争を抑止し、国際秩序を維持するシステムも生まれた。ナポレオン戦争後のウィーン会議を主宰したオーストリア外相**メッテルニッヒ**（1773−1859）は、皇帝フランツ1世（在位1804−1835）に仕え、「連帯と均衡の原則」に基づき、「欧州に永続的な平和を確保したいという断固たる願望の結果」として、1815年、ウィーン議定書の締結に漕ぎ着けた。キッシンジャーにも高く評価されたメッテルニッヒは、**「均衡なき平和は幻想だ」**と喝破した。回想録の中では、最高次元において国家の生死に関わる利害問題を扱う術（すべ）として政治を位置付けた。国家の生存、すなわち、安全保障に限定された形で国益を抑制することが、その後半世紀にわたる欧州宮廷外交の基調となった。

　「**ウィーン体制**」は、フランス革命とナポレオン戦争の終結後の欧州秩序を再建し、その後の平和の基礎となった。歴史上の見方は分かれるが、欧州では、勢力均衡の下で、1870年の普仏戦争を除き、第一次世界大戦まで大きな戦争のない平和が100年続くことになった。

30秒でわかる！ ポイント

オーストリア外相メッテルニッヒが主導したウィーン会議

1814−1815年、ナポレオン戦争後のヨーロッパ秩序の再建のため開催された。

メッテルニッヒ は 国益抑制（国家の生存に限定） と

勢力均衡 によって 戦争を抑止 しようとする体制の構築に努めた。

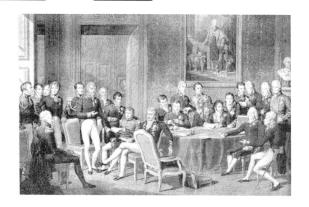

ウィーン体制の下での平和

ウィーン会議によって生まれた
秩序の下、大きな戦争のない平和が
第一次世界大戦まで100年続いた。

均衡なき平和は
幻想だ！

メッテルニッヒ
(1773−1859)

▶ 02　ビスマルク外交

フランスを孤立させる同盟システムの構築

　19世紀後半、欧州大陸の勢力均衡の維持に努めたのは、**鉄血宰相オットー・フォン・ビスマルク**（1815－1898）である。ビスマルクは、プロイセン首相としてオーストリア、そしてフランスとの戦争を勝利に導き、ウィーン体制の下で定められた国境線を変更し、欧州中心部に統一国家ドイツ帝国を誕生させた。中世末期の神聖ローマ帝国が有名無実化して以降、小国分裂の続いた欧州中央にフランスをしのぐ大国が誕生し、欧州の秩序に革命的な変化をもたらした。当然、ドイツへの警戒感は高まらざるを得ない。

　ビスマルクは、賠償と領土割譲という屈辱を嘗め、敵愾心（てきがいしん）と復讐心に燃えるフランスがドイツの周辺国と手を結んでドイツ包囲網を形成することを恐れた。特に、圧倒的陸軍力を擁するロシアとフランスが提携すれば、ドイツは両面戦争を強いられる。「フランスが我が国との平和を欲しない場合には、フランスが同盟国を見出せないようにする」（1872年）と述べたように、外交の眼目は、**フランスを孤立させる**ことに置かれた。その柱となった**独墺露三帝協定**は、フランスと戦争になった際のロシアの中立を確保し、バルカン半島で対立する墺露の衝突を抑止した。

　ビスマルクのたぐいまれな外交術によって、欧州の安定とドイツ帝国の安全は維持された。しかし、世界政策を掲げる野心的皇帝**ヴィルヘルム2世**が登場すると、ビスマルクは内政・外交両面でこの自己顕示欲の強い皇帝と対立・衝突し辞職に追い込まれた。

30秒でわかる! ポイント

ビスマルク外交の要諦はフランスを孤立させること。

ロシアとフランスが提携すればドイツは両面戦争を強いられる

→フランスが同盟国を見つけられないようにするための外交を展開

オットー・フォン・ビスマルク

(1815−1898)

ビスマルクの同盟システム→フランスを孤立させる

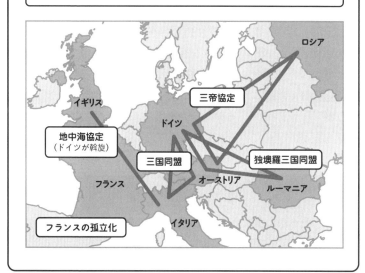

ロシア

三帝協定

イギリス

ドイツ

地中海協定
（ドイツが斡旋）

三国同盟

独墺羅三国同盟

フランス

オーストリア

ルーマニア

フランスの孤立化

イタリア

▶ 03　英独対立と勢力均衡の瓦解

英国の政策転換と三国協商

　三帝協定やその崩壊後の独露再保障条約によって露仏の接近を阻止し、フランスを孤立させていた欧州同盟システムは善意の仲介者たるビスマルクなきあとに瓦解する。

　その過程で政策を転換したのが英国である。英国の対欧州大陸政策の基本戦略は、大陸での勢力均衡と**「栄光ある孤立」**であった。**英国首相パーマストン**（1784－1865）は、**「英国には、永遠の友も永遠の敵もいない」**と喝破した。18世紀から19世紀初めまで大陸の覇権を握らんとしたフランスは英国の敵であり、弱国のプロイセンは味方であった。しかし、プロイセンがドイツを統一して強大化すると、ドイツ帝国は英国の敵となり、弱体化したフランスは味方となった。大陸の勢力均衡を維持するバランサーとなる動態的戦略（「オフショア・バランシング（offshore balancing：11-05参照）」）が**「パクス・ブリタニカ」（英国の平和）**と呼ばれる世界的覇権の維持を可能とした。

　しかし、台頭ドイツとの競争が激化すると、1901年、米国のカリブ海支配を認めることで対米協調を図り、1902年には、日本と同盟を結び、東アジアでのロシアの拡張を阻止するとともに、東アジアの英軍艦を本国防衛に振り向けた。1904年、植民地をめぐって対立していたフランスと協商し、1907年には日露戦争後のロシアとも協商した。英国は欧州での孤立政策を捨て、英仏露**三国協商**によって独墺伊**三国同盟**と対峙し、それが第一次世界大戦の序曲となった。

30秒でわかる! ポイント

英国の対欧州政策の変化

「栄光ある孤立」

‖

台頭する国家とのバランスを図るための
「オフショア・バランシング」政策を採用。

18世紀-19世紀初め

- ・英国の敵はフランス
- ・プロイセンは味方

英国には永遠
の友も永遠の
敵もいない

19世紀後半

- ・統一後のドイツは敵
- ・弱体化したフランスは味方

パーマストン首相
(1784-1865)

20世紀初頭

・1902年、ロシアを抑えるため日英同盟締結

↓

・1904年、英仏協商締結
・1907年、英露協商により三国協商成立

↓

三国協商	対峙	三国同盟
英 露・仏	⟷	独 墺・伊

▶ 04　英独建艦競争

海洋強国を目指したドイツの脅威

　英国は、19世紀後半には、最強の海軍力によって世界のシーレーンの安全を守り、最大の貿易国として、海運業を独占し、国際貿易の枠組みを支えた。**当時の英国は最大の資本輸出国**でもあり、世界の商取引の大半がポンドで決済され、ロンドンは世界の経済・金融の中心として栄えた。

　一方、当時のドイツは英仏合わせたのと同じ規模の人口と強大な軍隊を有し、第一次世界大戦前には、工業力も輸出競争力も英国に迫る経済大国となっていた（粗鋼生産は英仏の合計をはるかに上回った）。台頭ドイツは、「世界政策」の下、海外植民地をめぐる対立や建艦競争によって**英国の覇権に挑戦**する姿勢を露わにする。

　1889年、英国は「太陽の没することのない」帝国を維持するため、自国に次ぐ第2と第3の大国の海軍力の合計以上の海軍力を持つ**「大国2つ分」戦略**を採用した。当初、その2国とはロシアとフランスであり、米国が潜在的にその次に続いた。しかし、英仏協商の成立、日露戦争での露海軍の壊滅的損害、米西戦争後のカリブ海と太平洋における米国の覇権容認によって、最大の脅威は建艦競争で鎬を削るドイツとなった。

　「我が国の将来は海上にあり」との海洋強国の夢を追った**ヴィルヘルム2世**は、1906年と1908年の海軍法によって大艦隊建設に邁進し、陸軍国ドイツは英国を脅かすほどの海軍国に変貌する。特に、軍事革命的なドレッドノート級戦艦の英独**建艦競争**は、ドイツ国内での増税反対や陸軍との摩擦にも関わらず、熾烈をきわめた。

英独建艦競争の激化
ドレッドノート（弩級戦艦）級の競争

英国　　　　　　　　　ドイツ

VS

ドイツ海軍の戦艦 ナッサウ

英国海軍の戦艦 ドレッドノート

我が国の将来は
海上にあり

↓

1906年と1908年の海軍法で
大艦隊建造に邁進

ドイツ皇帝ヴィルヘルム2世
（1859−1941）

↓

強大な陸軍国は海軍国としても台頭
英国海軍は「大国2つ分」戦略を採用

↓

最強の海軍力を有する大英帝国にとってドイツが最大の脅威に

▶ 05　「弱肉強食」の国際社会に
　　　放り込まれた近代日本

陸奥と
小村の外交

　江戸時代の長い鎖国の間、ほとんどの日本人は国家を意識していなかった。支配階級の武士には、日本という国家より自らの仕える大名への忠誠と藩への帰属意識が強かった。そんな時代に突然現れた黒船が、世界、そしてその中での日本という国家の存在を意識し、そのあるべき姿形を論じ、追い求める時代の扉を開いた。

　ビスマルクは、明治6（1873）年、建国直後のドイツを訪れた岩倉使節団に対し、**「大国は自分に利益がある場合は国際法に従うが、ひとたび不利とみればたちまち軍事力にものを言わせてくる」**と述べた。そんな弱肉強食の国際政治の中で、日本は中国（清）と戦って勝利したが、**ロシアなどの三国干渉**により苦汁を飲んだ。外相**陸奥宗光**（1844−1897）は、「兵力の後援なき外交はいかなる正理に根拠するも、その終局に至りて失敗をまぬかれざることあり」**（『蹇蹇録』）** と書き残した。日本は軍事力強化に邁進し、日露戦争が近づく1900年の軍事費は国家予算の45％を超えた。開戦後、ロシア相手に2年以上戦えば惨敗すると見た児玉源太郎参謀長の言を容れて、1905年9月、セオドア・ルーズベルト米国大統領の仲介でロシアとの講和条約を締結した。

　外相**小村寿太郎**（1855−1911）は、疲弊し切った軍事力と払底した財政力に直面する（本国は即時戦争終結の方針）中で、日本優勢のうちに交渉をまとめた。しかし、その内容は旅順・奉天会戦と日本海海戦の勝利に酔う国民の期待に応えるものでなく、小村は**「屈辱外交」**の非難を浴び、**日比谷焼き打ち事件**など騒乱が起きた。

近代日本外交のリアリズム

日清戦争に勝利

独・仏・露による三国干渉

↓

「兵力の後援なき外交は、
失敗をまぬがれない」

外相・陸奥宗光
（1844－1897）

日露戦争で勝利

外相・小村寿太郎
（1855－1911）

継戦余力が失われつつある中で戦局有利のうちに

日露講和条約 をまとめあげたが、

勝利に酔う国民には 期待はずれの内容

だったため 屈辱外交 との非難を浴び、

日比谷焼き打ち事件が起きた。

▶ 01　第一次世界大戦の悲劇と原因

新兵器と
総力戦の果て

　サラエボでの一発の銃弾によって欧州全土が大戦争に突き進んだ。戦前から準備された**「シュリーフェン・プラン」**は、ロシアの動員完了前に中立国ベルギーからフランスに侵攻して一気にパリを陥れ、その後東部戦線に兵力を振り向けてロシアを叩く戦争計画であった。**クラウゼヴィッツ**（1780−1831）が**『戦争論』**（1832年）で指摘した戦争の不確実性・複雑性・リスクは顧みられなかった。

　そして、一度総動員令が下されると、動き出した戦争マシーンを止めることは皇帝にもできなかった。新兵器と総力戦が未曽有の殺戮と破壊を生んだ。**レマルク**（1898−1970）は、名著**『西部戦線異状なし』**の中で、「砲弾と、毒ガスと、タンクの小艦隊が……踏み潰し、嚙み破り、殺し尽す」と記した。英軍の悪夢となった**ソムの戦い**では、突撃した英兵を独軍の機関銃がなぎ倒し、1916年7月1日だけで1万9240人が戦死した。毒ガスは1918年だけで37万人の命を奪った。戦況はドイツの無制限潜水艦攻撃によって世論が硬化した米国が参戦すると、連合軍有利となり、**キール軍港の反乱**などによりドイツ帝政が崩壊して終結した。

　大戦の原因について、ベルサイユ条約はドイツの責任を明記したが、ドイツ史学界では、引きずり込まれた戦争で、ドイツに責任はないとの見解が主流であった。1961年、**フリッツ・フィッシャー**（1908−1999）は、『世界強国への道』で、ドイツが世界強国を目指して大戦を計画的・意図的に引き起こしたと結論づけ、論争を巻き起こした。

30秒でわかる！ ポイント

第一次世界大戦は
新兵器と総力戦が生んだ未曽有の殺戮と破壊

毒ガス	タンク	機関銃

米国の参戦により連合国が有利に

↓

ドイツ帝政の崩壊

↓

終戦

大戦の原因は……

・戦争論？ 「戦争は他の手段をもってする
政治の延長である」（クラウゼヴィッツ）

・国際構造？ 三国同盟対三国協商の構図

・指導者の資質？ ヴィルヘルム２世の野心

・ドイツ特殊論 世界強国を目指す計画的・意図的戦争
戦争計画（シュリーフェン・プラン）の存在

▶ 02　戦後国際秩序の失敗

禍根を残した ベルサイユ 講和条約

　ベルサイユ講和条約の調印式終了後、**ランシング米国務長官**はこう吐露した。「読んでいくと失望と後悔の念に襲われ、憂鬱になる。講和条件は非常に過酷で屈辱的であり、多くは実行できないと思われる。……戦争の種は非常に多くの条項の中にまかれており、**いずれまた必ず戦争が起きるだろう**」と書き残した。

　ドイツは、領土の13%と人口の10%を失い、すべての戦争責任を背負い込むことになった。ランシングの不安は的中する。ヒトラーは、この**「恥辱の講和」**を効果的に宣伝で使い、その打破を掲げて国民の支持を集め、権力を握った。

　一方、世界の半分以上の工業生産力を持つ世界大国となった米国は孤立主義に回帰し、ウィルソン大統領が提唱した**国際連盟**に参加せず、国際秩序再建努力を途中で投げ出してしまった。国際連盟は、日独伊と遅れて参加したソ連が脱退し、第二次世界大戦勃発時の連盟理事会には英仏しかいないという有様で自壊した。

　また、1929年には、ウォール街の株暴落に端を発した経済恐慌が世界を不況のどん底に突き落とした。経済的苦境に喘ぐ中間層の不満や絶望は民主主義や資本主義への不信や批判につながり、**ファシズムの台頭や社会主義への幻想を招いた**。経済ブロック化と国家の統制が進み、世界はイデオロギーや民族主義によって分断され緊張した。その中で、現状打破に動いた日独伊三国は同盟を結んで、米英との対立を決定的とする。

30 秒でわかる！ ポイント

敗戦国ドイツにとって
過酷なベルサイユ講和条約

- アルザス・ロレーヌ地方のフランスへの復帰
- バルト海に通じる地域（ポーランド回廊）を
  ポーランドに割譲
  ⋮
- ザール地方の炭鉱採掘権をフランスに譲渡
- 徴兵制の廃止　・巨額の賠償金

負担するドイツ人

この「恥辱の講和」をヒトラーが
効果的に宣伝材料として支持を集める

↓

第二次世界大戦の火種に

2つの大戦

▶ 03　ベルサイユ体制瓦解と
第二次世界大戦への道

ミュンヘン会談と
英国の「宥和政策」

　ナチス・ドイツは、1935年、ザール工業地帯を編入し、再軍備を宣言、1936年には、永久非武装を定めたロカルノ条約を破棄してラインラントに進駐した。1938年になると、オーストリアを併合し、チェコスロバキアのズデーテン地方の割譲を要求するなど、力による**「大ドイツ」**建設に乗り出した。

　英仏は同盟国チェコの犠牲によって平和が維持できるとの幻想を抱き、**ミュンヘン会談**でチェコをヒトラーに引き渡した。チェコ首相は自国の運命を決める場に出席さえ許されなかった。戦後、**「宥和政策」**という不名誉な言葉の所持者となった**チェンバレン**英首相は、ヒトラーを誠実な人間と見誤り、ドイツの強大化を傍観した。チャーチル（後の首相）は、「これは終わりではない、やがてわれらに回ってくる大きなつけの始まりにすぎぬ」と警鐘を鳴らしたが、国民はチェンバレンを平和の使者として歓呼して出迎えた。

　ヒトラーの無法ぶりはとどまるところを知らず、翌1939年、チェコの首都プラハはドイツに占領され、東欧で唯一の民主主義国家であったチェコは消滅した。その後、**ドイツはソ連と不可侵条約を結び、ポーランドに侵攻する**。英仏はようやく宥和政策が自殺行為であるとわかり、対独宣戦し、第二次世界大戦が始まった。

　ミュンヘン会談は、国際秩序の担い手たる大国が正義やルールに目をつむり、台頭国家の力による脅しと不法行為を見逃すなら、眼前の小さな危機はやり過ごせても、その先にはより大きな危機が待ち受けることになるとの教訓を残した。

宥和政策と第二次世界大戦勃発

1933年 ヒトラーを首班とする内閣成立

↓

1935年 再軍備宣言

↓

1936年 ラインラント進駐

↓

1938年 オーストリア併合
　　　　ミュンヘン会談
　　　　チェコスロバキアのズデーテン地方を獲得

↓

1939年 チェコスロバキア併合
　　　　独ソ不可侵条約
　　　　ポーランド侵攻
　　　　英仏が対独宣戦

↓

1941年 ソ連に侵攻
　　　　対米宣戦布告
　　　　└日本の真珠湾攻撃

アドルフ・ヒトラー
（1889－1945）

アーサー・ネヴィル・
チェンバレン
（1869－1940）

▶ 04　太平洋戦争と日本の敗戦

「ヤルタ密約」と北方領土

　米国との戦争は、兵器生産に不可欠な粗鋼の生産量が、1対12（1941年）から1対40（1945年）に、艦船や航空機などの稼働に必要な石油の生産量が、1対776から1対1121にまで広がる絶望的な戦いとなったが、東條英機首相は、「敵が内心恐れをなして居る」「世界に類のない」精神力によって「究極の勝利を獲得することが出来る」と強弁した（1944年の施政方針演説）。

　1945年、ドイツ敗戦から3カ月後、8月6日に広島に、9日には長崎に原爆が投下され、ソ連が日ソ中立条約に反して満州に侵攻するに至り、14日、ついに**日本はポツダム宣言を受諾**した。

　ソ連は、満州の大半を占領し、50万人に上る日本軍捕虜をシベリアに連行し、強制労働に従事させた。ポツダム宣言受諾の翌日にも、南樺太と千島列島に侵攻し占領した。**「北方領土」は、サンフランシスコ講和条約で放棄することが確定した「千島列島」に含まれていない**というのが日本政府の立場である。その北方領土は、今もロシアの不法占拠の下にある。

　ドイツ降伏の3カ月前、米英ソ3国首脳が戦後秩序を決めたヤルタ会談では、**ソ連の対日参戦とその「見返り」を取り決めた秘密協定（「ヤルタ密約」）**が結ばれ、満州から北朝鮮、日本の北方までをソ連の勢力下に置く結果となった。ソ連は欧州でもアジアでも勢力を伸ばし、戦後の国際秩序を決定づけた。2005年、ブッシュ大統領は、「安定のために自由を犠牲にした結果、欧州に分裂と不安定をもたらした史上最大の過ちの一つだ」とヤルタ会談を批判した。

米英ソ首脳によるヤルタ会談(1945年2月)

前列左から、チャーチル、F・ルーズベルト、スターリン

ヤルタ密約の主要内容

- ・樺太南部のソ連への「返還」

- ・千島列島をソ連に引き渡す

- ・大連港でのソ連の優先的利益擁護、
  旅順口の租借権の回復

- ・東清鉄道および南満州鉄道に対する
  ソ連の優先的利益を保証

▶ 01 「鉄のカーテン」とソ連封じ込め

トルーマン・ドクトリンとマーシャル・プラン

冷戦は、核戦争によって互いに滅亡する危険をはらむ「恐怖の均衡」、イデオロギーをめぐる闘争、東西両陣営の分断と代理戦争という特徴を持つ。

そんな冷戦は一つの講演から始まった。1946年3月、首相を退任した**チャーチル**は、米国で講演し、欧州にはモスクワの統制を受ける中東欧と自由な西欧を隔てる**「鉄のカーテン」**が降ろされ、暗黒時代に逆戻りするかもしれないと警鐘を鳴らし、自由と民主主義の確立のための団結を訴えた。傍らで聴いていたトルーマン大統領は、1947年3月、米議会で特別教書を発表し、ギリシャとトルコの危機の背後にソ連の影響力の浸透があることを示唆し、両国支援への賛同を求めた（**「トルーマン・ドクトリン」**）。同年、**マーシャル**国務長官はハーバード大学で講演し、「特定の国家や主義に対してではなく、飢餓、貧困、絶望、混乱に対して向けられる」大規模な復興援助を欧州に供与する計画（**「マーシャル・プラン」**）を発表した。

米国は自由主義諸国を防衛する強い意志を世界に示したのである。それは、始まりつつあった東西分断を深めることになった。それは**「ソ連封じ込め」政策**と言われたが、その後冷戦終結まで続く米国外交の大戦略（Grand Strategy）となった。それでも、両国関係が管理不能になることはなかった。英国学派の**ヘドリー・ブル**（1932-1985）は、冷戦が最も激しかった時でさえ、「国家の共通利益、国家によって受け入れられた共通規則、国家の手によって機能している共通制度といった観念」が存在したと指摘した。

30秒でわかる! ポイント

「ソ連封じ込め」政策

自由主義諸国を防衛する強い意志を示す

ハリー・トルーマン(1884—1972)

トルーマン・ドクトリン

● ギリシャ内戦の最中の1947年、トルーマン大統領が議会で演説し、トルコとギリシャへの4億ドルの経済軍事援助を表明。世界は全体主義と自由主義の2つの世界に分かれており、全体主義の脅威に対して自由主義を支援する必要を強調。

● 「武装した少数者や外部の圧力による征服の企てに抵抗している自由な諸国民を支援することこそが、米国の政策でなければならないと信じる」

ジョージ・マーシャル(1880—1959)

マーシャル・プラン(ヨーロッパ復興計画)

● 1947年 欧州への大規模な復興援助計画が発表され、1948年から1951年まで西欧諸国(トルコ含む)に供与された。支援対象にはソ連・東欧諸国も含まれていたが、米国支配の一環と警戒したスターリンが拒否し、結果的に、東西対立を決定的なものとした。その反面、西ヨーロッパの地域統合を促しもした。

8

東西冷戦と恐怖の均衡

▶ 02　核抑止による「恐怖の均衡」

「熱戦」となった朝鮮半島

　米ソの冷戦は、朝鮮半島で最初の熱戦となった。背景に、北朝鮮の**金日成の野望、スターリンの誤算（米国の参戦）、トルーマンとマッカーサーの誤算（中国の参戦）**があった。

　1950年6月、スターリンと毛沢東の支持を取り付けた金日成率いる北朝鮮軍が朝鮮半島の武力統一を目指して韓国に侵攻した。当時、ソ連は中華民国が常任理事国であった安保理をボイコットしていたため、米国主導の安保理において、マッカーサー元帥を指揮官とする**「国連軍」**が創設された（16カ国からなる多国籍軍兵士の90％を米軍が占めた）。これは、国連憲章第42条の「侵略に対する軍事的措置」ではなく、第39条の「勧告」によって強制措置を取った形であり、集団的自衛権の発動を国連が認めたものと解される。

　朝鮮戦争は、当初の劣勢を押し返した国連軍が38度線を越えて中朝国境まで攻め上った時、突然中国が参戦し、戦線は押し戻され、38度線付近で膠着した。南北朝鮮合わせて350万人とも言われる死者と、1000万人に上る離散家族を出した。米国は14万人、中国も軍民合わせて90万人が犠牲になった。1953年7月、**軍事休戦協定**が結ばれ、戦闘行為は停止された。しかし、今日まで休戦協定に代わる**平和協定**は結ばれておらず、**国際法上は戦争状態が続いており**、北朝鮮の軍事挑発や米韓合同軍事演習も行われてきた。なお、1951年の日米安全保障条約締結時に署名された交換公文で、日本は国連軍による日本の施設利用と支援を約している。

米ソ冷戦が熱戦へ

中華人民共和国

朝鮮民主主義人民共和国

ピョンヤン●

北緯38度線

●ソウル

大韓民国

1950年6月25日、北朝鮮軍が韓国に侵攻

↓

6月27日、7月7日、国連安保理決議採択

↓

兵力の90％が米軍

マッカーサー率いる「国連軍」（16カ国）

VS

金日成率いる「北朝鮮軍」＋中国軍（「抗米援朝義勇軍」）

↓

南北朝鮮350万人、米軍14万人、
中国軍民90万人が犠牲に

↓

軍事休戦協定（1953年7月）
国際法上は戦争状態が続いている

▶ 03　キューバ危機とケネディの決断

核の脅威と
恐怖の均衡

　1962年、ソ連がフロリダの鼻先にあるキューバに核ミサイル基地を建設していることが明らかとなり、米ソ間で緊張が高まり、核戦争の危機が起きた。**ジョン・F・ケネディ**大統領は、ソ連のフルシチョフ首相がミサイル撤去を発表するまでの13日間、国家安全保障会議執行委員会（ExComm）を断続的に開催し、危機に対処した。6つの選択肢がテーブルに上がった。軍は「空爆」（強度4）を主張したが、ケネディは、**「海上封鎖」**（強度3）を選んだ。それは、「何もしない」（強度0）と「キューバ侵攻」（強度5）の中間的措置と言え、米国の強い意志を示すには十分でありながら、空爆ほどには拙速でもなく、バランスの取れた選択であった。

　ケネディの決断は、米国への核の脅威を取り除こうとすれば人類の破局に直面するという未曽有のジレンマに直面しながら、限られた時間と不十分な情報の中でなされた。そして、「理性が勝利をおさめ」（フルシチョフ）、核戦争は回避された。ケネディは、「何が自国の利益で、何が人類の利益かを適切に判断したフルシチョフ」を尊敬した（『13日間』ロバート・ケネディ）。**「核保有国は相手側に屈辱的な敗北か核戦争かのどちらかを選ばせるような対決を避けなければならない」**とのケネディの言葉は今も色褪せない。2年後、キューバ危機での「譲歩」が一因となってフルシチョフは失脚した。しかし、キューバを攻撃しないとの約束は守られ、トルコにあった米国のミサイルも撤去された。フルシチョフの「譲歩」は「屈辱的な敗北」ではなかった。

ジョン・
F・ケネディ
(1917－1963)

ソ連が核ミサイル
基地をキューバ
に建設か

ニキータ・
フルシチョフ
(1894－1871)

↓

自国の利益(キューバのミサイル基地撤去)か、
人類の利益(核戦争回避)か？

↓

6つの選択肢

① 何もしない
② 対ソ外交(トルコからのミサイル撤去との取引)
③ 対キューバ外交(カストロへの働きかけ)
④ 海上封鎖
⑤ キューバのミサイル基地への空爆
⑥ キューバ侵攻

↓

ケネディは④を選択

↓

キューバからミサイル基地撤去 ＋ ソ連との核戦争回避

台湾と中国も目と鼻の先

中国　最短130km　台湾　台湾海峡

マイアミ

フロリダ半島　ハバナ　最短145km　大西洋

キューバ

アメリカ・フロリダ半島とキューバの距離は145km

8

東西冷戦と恐怖の均衡

10 hour
International
Politics

9

冷戦終結と
「新冷戦」の
幕開け

▶ 01　ベルリンの壁崩壊と
　　　　リベラル秩序の広がり

ウェストファリア を乗り越える胎動

　1989年11月９日、東西冷戦の象徴であったベルリンの壁が崩壊し、東欧民主化は歴史的なうねりとなった。その２年後にはソ連も崩壊した。民主主義と市場経済が世界を覆う『**歴史の終わり**』（フランシス・フクヤマ）やIT革命とグローバル化による『**フラット化する世界**』（トーマス・フリードマン）は時代の楽観論を象徴した。

　欧州では、国家主権や内政不干渉を柱とするウェストファリア・システムを乗り越える欧州連合（EU）の拡大と深化が続いた。それは、イマヌエル・カントが『永久平和のために』で描いた「自由な諸国家の連合」という夢が実現するかのようであった。民主化と市場経済化の進展が期待されたロシアはＧ７サミット参加が認められた。唯一の超大国となった米国は世界を率いて湾岸戦争で勝利し、国際正義を実現した。朝鮮半島や台湾海峡など冷戦の残滓が消えない東アジアでも、東南アジア諸国連合（ASEAN）や改革・開放の中国を中心に高い経済成長が続いた。経済相互依存の高まりを認識させたアジア通貨危機（1997年）を経て、**ASEAN＋３（日中韓）首脳会議、**これに米ロ印等を加えた**東アジア首脳会議（EAS）、日中韓首脳会議**など地域的な対話の枠組み作りも進んだ。

　その一方で、冷戦中のイデオロギー対立の下で抑えつけられていた民族や宗教による紛争が多発するようになった。グローバル化の陰で、**テロ攻撃や大量破壊兵器（WMD）拡散の危険**も高まった。21世紀の始まりの年、超大国米国を未曽有のテロが襲った。

冷戦後の秩序と新たな紛争

ベルリンの壁崩壊(1989年)

ソ連崩壊(1991年)

グローバル化 IT革命	イデオロギー対立の 終焉

① 民族・宗教による 紛争が多発

② テロやWMD拡散の危険

① ウェストファリア・システム (国家主権、内政不干渉)を 乗り越える動き

② 民主化と市場経済の 世界的広がり

- 欧州連合(EU)の拡大と深化
  →「自由な諸国家の連合」(カント)に向けた歩み

- ロシアのG7サミット参加

- 東南アジア諸国連合(ASEAN)の統合 → 共同体

- 中国の改革・開放とWTO加盟

- ASEAN+3 (日中韓)
  →ASEAN+3+3 (印豪NZ)+2 (米露)=東アジア首脳会議(EAS)

10 hour
International
Politics

9

冷戦終結と
「新冷戦」の
幕開け

▶ 02　9.11と米国覇権終焉の序章

「世界の警察官」
から「自国第一」へ

　2001年9月11日に米国中枢を襲った**同時多発テロ**は、「パクス・アメリカーナ（米国による平和）」に浸っていた米国人を米国史上最長となる戦争に駆り立てた。しかし、冷戦後のテロはグローバル化と情報化の利便性を巧みに利用した新しいタイプの暴力であり、超大国を戦場のない見えない敵との**非対称な戦い**に放り込んだ。

　アフガニスタンに続くイラク攻撃の理由とされた大量破壊兵器は存在せず、サダム・フセイン政権の打倒は過激派組織**イスラム国（IS）を台頭**させ、暴力と破壊を広げ、難民危機を発生させた。中東民主化の大義は失われ、出口戦略のなかったイラク占領は、不十分な戦後復興と腐敗や内戦によって米国を苦しめた。その影響は欧州にまで及び、英国の独立調査委員会による報告書（2016年7月）は、ブレア政権の参戦を批判した。2008年の世界金融危機が追い打ちをかけた。

　米国の覇権に陰りが見え始めると、ユーラシア大陸の東西で、**強国復活を目指すロシア**と「中華民族の偉大な復興」を掲げる中国が力による現状変更に動いた。一方、テロ、難民、感染症、気候変動、サイバー攻撃、金融危機などの国境を超える問題が深刻化し、人々の日常を直撃するようになった。指導力を期待された米国は、「我々の力だけではすべての悪を正すことはできない」（オバマ大統領、2013年）として**「世界の警察官」の役割を放棄**した。トランプ大統領に至っては、「自国第一」を掲げ、TPPや気候変動に関する国際的な枠組であるパリ協定から離脱した。

30 秒でわかる! ポイント

米国の覇権に陰り

●米同時多発テロ（2001年9月11日）
　戦場のない見えない敵との非対称な戦い
　（アフガニスタン・イラク戦争で国力を消耗）

●世界金融危機（2008年）

↓

米国の覇権に陰り
「世界の警察官」をやめる

↓

強国復活を目指すロシアと「中華民族の偉大な復興」を掲げる
中国が、力による現状変更に動く

↓

トランプ大統領は「自国第一」を推し進めた

↓

バイデン大統領は多国間主義や
リベラルな国際秩序を守れるか？

10 hour
International
Politics
9

冷戦終結と
「新冷戦」の
幕開け

▶ 03　米中「新冷戦」の幕開けか？

「デカップリング」から「文明の衝突」まで

　保護主義や貿易戦争が常態化する中で、**米中対立が激化**する。米国は、中国の違法・不適切な手法による米国先端技術の入手が、米国の技術的優位や安全保障を脅かしていると反発する（例えば、サイバー攻撃や産業スパイ、中国進出米国企業に対する技術移転強要、米国ハイテク企業のM&Aなど）。

　これに対し米国は、**外国投資リスク審査近代化法（FIRRMA）**や**輸出管理改革法（ECRA）**によって規制を強化する。

　対立は経済面にとどまらない。軍拡と海洋進出、南シナ海の軍事化、ウイグルの人権問題、「一帯一路」による「債務の罠」、シャープ・パワー（自由・民主社会への介入）、香港の「一国二制度」の形骸化、台湾海峡の緊張などへの米国の懸念と対中強硬論が超党派で広がる。過去40年の対中「関与」政策を失敗と認め、輸出管理、対米投資、留学、研究、データ、情報技術などの**対中「デカップリング（切り離し）」**を強める。さらに米中対立はイデオロギー（価値）にも及び、「新冷戦」の様相を帯びる。

　サミュエル・ハンチントン（1927−2008）の『**文明の衝突**』論では、冷戦後の主要な紛争は異なる文明を持つ国家や集団の間で起き、中でもイスラム・中華両文明が西欧文明と衝突する危険が最も高いとされた。その予言が蘇るかのように、米国務省政策企画局長は、米中競争を「異なる文明、異なるイデオロギーとの戦い」と呼んだ。「新冷戦」という声が広がった。

米国の対中政策の硬化
（関与政策は失敗したとの認識が広がる）

| **貿易戦争** |

↓

| **先端技術をめぐる競争** |

↓

| **米国による対中デカップリング（切り離し）**
（輸出管理、対米投資、留学、研究、データ、情報技術） |

↓

| **イデオロギーをめぐる対立も** |

争点は多い！

台湾問題、香港の「一国二制度」、南シナ海の軍事化、軍拡と海洋進出、ウイグルの人権問題、一帯一路（「債務の罠」）、産業スパイ、中国進出企業に対する技術移転強要、WTO での途上国ステータス、シャープ・パワー

どこで歯車が狂ったか？
―中江兆民の政治小説『三酔人経綸問答』―

　戦後70周年の首相談話には、「日露戦争は、植民地支配のもとにあった、多くのアジアやアフリカの人々を勇気づけました」とある。しかし、その後の日本は、彼らの期待を裏切った。日清戦争前から日本の行方を憂慮した人物が中江兆民だ。彼は、政治小説『三酔人経綸問答』（1887年）において、欧州列強を批判する理想主義・民主主義の「洋学紳士」、弱肉強食の世界観を持ち中国進出を主張する軍国主義の「東洋豪傑」、そして道義と現実主義を兼ね備えた「南海先生」の鼎談を展開した。紳士君と豪傑君の論争は当時の日本が直面した葛藤であった。2人から問われた南海先生は、外交は平和友好に努め、国家の生存に関わらない限り、武力に訴えず、言論や出版を自由にし、教育や経済を発展させることを説いた。南海先生は中江兆民の分身であったか。中江自身も西欧文明の進歩性と攻撃性を見抜き、「文明対野蛮」の構図ではなく、普遍的道義に基づく外交と自衛権を説いた。

　しかし、その後の日本は豪傑君の意見が幅を利かせた。

　安倍首相は、談話を続けて、次のように歴史を総括した。
「日本は、孤立感を深め、外交的、経済的な行き詰まりを、力の行使によって解決しようと試みました。国内の政治システムは、その歯止めたりえなかった。（中略）日本は、次第に、国際社会が壮絶な犠牲の上に築こうとした『新しい国際秩序』への『挑戦者』となっていった。進むべき針路を誤り、戦争への道を進んで行きました」

第 3 部

地政学

▶ 01　ハートランド理論

世界制覇の 仮説を説明する 地政学的区分

　地政学（Geopolitics）は、その言葉通り、地理と政治の関係を研究する学問である。国家の置かれた地理的条件は外交や安全保障に影響を与える。

　それを学問として初めて体系的に確立した英国の地理学者**ハルフォード・マッキンダー**（1861−1947）は、地政学という言葉さえ使いはしなかったが、地政学の古典となった著書『デモクラシーの理想と現実』（1919年）の中で、**東欧からユーラシア内陸部一帯を「ハートランド」**と呼び、その外縁に広がる**「内側の三日月地帯」**と**「外側の三日月地帯」**を合わせ、世界を3区分した。

　そして、ハートランドを制する者が世界を支配するとの理論を提唱した（1904年の著書で名付けた「pivot」を「heartland」と改名）。マッキンダー曰く、「東欧を制する者はハートランドを制し、ハートランドを制する者はワールド・アイランド（ユーラシアとアフリカ）を制し、ワールド・アイランドを制する者は世界を制す」

　この仮説に立って、マッキンダーは、ハートランドを制するランド・パワーの台頭を阻むためにシー・パワーによる連携を主張した。

　ハートランドとは、事実上、当時のソ連の領土であり、将来、ソ連が縦深防御能力を含め、**「地上最大のランド・パワー」**になると予言した慧眼は、その後、米国の戦略に取り入れられた。

マッキンダーのハートランド

ハルフォード・マッキンダー
『デモクラシーの理想と現実』
（1919年）

東欧からユーラシア内陸部一帯

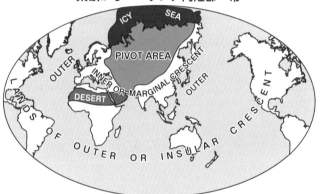

「ハートランド（「pivot」を改名）を制する者はワールド・アイランド（ユーラシアとアフリカ）を制し、世界を制す」

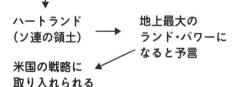

ハートランド
（ソ連の領土） ──→ 地上最大の
ランド・パワーに
なると予言

米国の戦略に ←──
取り入れられる

出典："The Geographical Pivot of History", The Geographical Journal 23, no. 4 (April 1904)

10

地政学の系譜

▶ 02　リムランド理論

ハートランド理論を修正

　マッキンダーの理論は、**ニコラス・スパイクマン**（1893-1943）の**「リムランド（rimland；縁辺地帯）」理論**（地図参照）によって蘇る。スパイクマンは、第二次世界大戦中に書いた『平和の地政学』（1944年）において、マッキンダーの「内側の三日月地帯（the Inner Crescent；ハートランド周辺の沿岸地帯）」を「リムランド」と呼び、**人口や資源の豊かなリムランドこそが重要**であると指摘した。同書によれば、ハートランドにあるランド・パワーと「外側の三日月地帯」にある英国や日本などのシー・パワーの間にあるリムランドは緩衝地帯（バッファーゾーン）であり、海と陸の両方を見る両生類国家である。

　スパイクマンは、「リムランド」において一国又は同盟諸国が支配的になれば米国の安全が脅威に晒されると考えた。真珠湾攻撃後に、戦後の日本との連携を唱えた慧眼でも知られる。

　米国の国益はユーラシア大陸のパワーの均衡にあると認識し、「リムランド統一への動きを阻止する国家たちとの協力」を提唱した。そして、**「リムランドを支配するものがユーラシアを制し、ユーラシアを支配するものが世界の運命を制す」**と結論づけた。なお、日本の学者や書籍・地図は、日本を「リムランド」に加えて論じるきらいがあるが、スパイクマンによれば、日本や英国は「リムランド」の外側に位置する「沖合の島国」であり、「リムランド」には含まれない（地図では日英の色がリムランドと異なる）点に注意を要する。

「リムランド理論」(ニコラス・スパイクマン)

『平和の地政学』(1944年)
「リムランドを制する者がユーラシアを制し、
ユーラシアを制する者が世界の運命を制す」

リムランド(縁辺地帯)とは
ハートランド周辺の沿岸地帯
(=マッキンダーの「内側の三日月地帯」)
人口、資源豊かなリムランドこそ重要

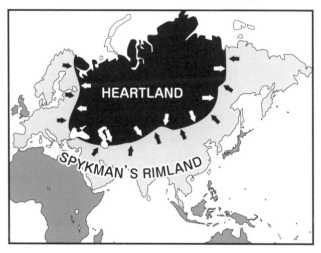

日本や英国はリムランド外側の「沖合の島国」
米国の国益=ユーラシア大陸のパワーの均衡

リムランド統一を阻止する国家と協力すべし!

▶ 03　ドイツの地政学と日本
タブー視された
「生存権」理論

　地政学は、歴史的に国境が大きく変化し続けたドイツで興隆した。マッキンダーは、「地図はドイツ文化の重要不可欠な構成部分であり」、ドイツ人は「方法手段としての地図の読み方を永年訓練されてきた」と記している。**ドイツ人にとって、地図は政治であり、政策形成の手段**なのである。

　『政治地理学』（1897年）を著した**フリードリッヒ・ラッツェル**（1844－1904）は、19世紀末の米国の領土拡張政策の影響を受けて、**「生存圏」**という地理的空間概念を提唱した。国家は成長する生命体であり、その生命力である国力に応じた領域（生存圏）を保持する必要があり、国境は国力の増減に応じて変化すると説いた。

　この考え方を引き継いだ**カール・ハウスホーファー**（1869－1946）は大使館付き武官として日本滞在中に明治日本の拡張政策に感銘を受け、「生存圏」理論を唱え、ドイツ人の移住先と資源の供給地としての東欧を確保する重要性を強調した。**ヒトラー**は、これに触発されて、**『わが闘争』**の中で**「東方生存圏」の獲得を主張**した。しかし、ランド・パワー勢力である独ソが提携すればシー・パワーの英米に勝利できるとのハウスホーファーの地政学的戦略は独ソ戦によって潰えた。ハウスホーファーは日独双方の政治家や外交官や軍人と交流し、三国同盟や日ソ中立条約の形成に影響を与えたと言われている。その著書は、日独ソ提携論や「大東亜共栄圏」の理論的基盤を提供した。戦後、ドイツ地政学は日本の膨張政策の理論的拠り所となったと批判を受け、タブー視された。

フリードリッヒ・ラッツェル
(1844－1904)
『政治地理学』(1897年)
国家を有機的・生物学的存在として捉えた
(ダーウィンの影響)

「生存圏」を提唱

‖

国家は国力に応じた
領域(生存圏)を保持する
必要

‖

国力で国境変化

↓

カール・ハウスホーファー
(1869－1946)
ドイツ人の移住先と
資源供給地として
東欧を確保すべし！

↓

ヒトラー
『わが闘争』第14章
「東方生存権」獲得を主張

▶ 04 リムランド理論と米国の戦略

ソ連 「封じ込め」戦略と 「不安定の弧」

　米国は、「リムランド理論」に立って、ドイツと日本がリムランドの東西２カ所で起こした軍事的膨張を阻止するため参戦した。その後も、リムランド理論は米国の戦略に影響を与えてきた。その一つが、**冷戦期のソ連に対する「封じ込め」戦略**だ。

　ジョージ・ケナンは、1946年にモスクワの米大使館から本国に出した「長文電報」の中で、ソ連が米国にとっての地政学的挑戦になると警鐘を鳴らし、１年後には、Ｘ論文を寄稿し、「ソ連の膨張傾向に対する、長期の、辛抱強い、しかも強固で注意深い封じ込め」政策を提唱した。それは、**膨張するハートランド（ソ連）をリムランドから封じ込める戦略**であった。他方、マッキンダー理論（ハートランド対シー・パワー）に基づく戦略だとの反対論もある。

　1990年代末には、太平洋島嶼国の不安定化に直面した豪州が**「不安定の弧」**という概念を使い始め、2001年の米国防総省の「国防計画レビュー（QDR2001）」で取り上げられた。不安定の中身は内戦やテロや旱魃など多岐にわたるが、「良い政治（Good Governance）の欠如」は共通する要素だ。9.11同時多発テロ後のブッシュ政権は、「中東民主化」を大義に掲げ、「不安定の弧」から**「自由の弧」**への転換を支援する姿勢を鮮明にし、60カ国で軍事介入や特殊部隊による活動を行った。その範囲はサブサハラ・アフリカから、中東、南・中央アジア、東南アジアの一部にまでまたがり、南シナ海や東シナ海、朝鮮半島を加えれば、スパイクマンの「ユーラシアの紛争地帯」とほぼ一致する。

リムランド理論に基づく米国の戦略

① (第二次世界大戦)
リムランドでのドイツと
日本の軍事的膨張を阻止

② (冷戦)
ハートランド(ソ連)の
膨張をリムランドから
封じ込める

「X論文」(1947年)
「長期の、辛抱強い、
しかも強固で注意深い
封じ込め」政策

ジョージ・ケナン
(1904-2005)

③ 不安定の弧

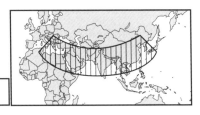

1990年代末、太平洋島嶼国の不安定化に直面した
豪州が使い始め、その後米国がアフリカまで広げて定義

④ 自由の弧 2001年同時多発テロ後に

ブッシュ政権は 「不安定の弧」から
「自由の弧」への転換を支援
(60カ国で軍事介入や特殊部隊による活動を行う)

▶ 05 「自由と繁栄の弧」
価値外交と
地政学の不協和音

　2006年に麻生外相が提唱した**「自由と繁栄の弧」**にもリムランドの影を見る。政策講演の冒頭、麻生はこう述べている。

　「第一に、民主主義、自由、人権、法の支配、市場経済といった普遍的価値を、外交を進める上で大いに重視していく。これが『価値観外交』だ。第二に、ユーラシア大陸の外周に成長する新興の民主主義国を帯のようにつなげて『自由と繁栄の弧』を作っていく」

　この「弧」は、北東アジアから中央アジア・コーカサス、トルコ、中・東欧、バルト諸国まで**帯状に弧を描くエリア**を指す。普遍的価値を尊重する国々の歩みを助け、穏やかで平和な世界秩序を目指す。それは、麻生も認めた通り、**「価値外交」**である。しかし、価値外交と特定の「弧」という地政学に親和性はない。自由と繁栄の追求は特定の地理的空間に限定せずにアフリカや中南米を含めグローバルに行われるべきであろう。また、軍事的思考が色濃い米国とは異なり、日本は経済的支援によってリベラル秩序を広げようとしたが、「弧」という地政学的構えを前面に押し出したため、包囲網と受け取った中国などから「冷戦思考」との批判と警戒を招いた。結局、この構想は短命に終わった。3年後に民主党政権を樹立した鳩山首相は「東アジア共同体」構想を提唱した。リアリズムの地政学とは相容れない**「友愛」の理念**は米国の疑念を招いた。トゥキディデスの『歴史』が伝える通り、パワーを価値で代替しようとする外交で地政学や権力政治を超えることは難しい。それは、「価値の同盟」論で同盟の非対称性を解消できないのと同じだ。

自由と繁栄の弧　（2006年）

・民主主義、自由、人権、法の支配、市場経
　済など重視

＝普遍性を帯びた
　価値外交

↕ 違和感

・ユーラシア大陸外周の新興民主主義国
　を帯のようにつなげる

＝特定の「弧」
　という地政学

↓

中国は包囲網であり「冷戦思考」と批判

「東アジア共同体」構想

2004年、小泉首相は国連総会で
「東アジア共同体」構想を提唱していると強調
①機能的概念（地理的概念でない）
　　→アメリカを排除しない
②日本は東アジア首脳会議（EAS）形成へ動く
→中国は（米国不在の）ASEAN＋3を基礎とすべき
　　　　　　との立場

↓

2009年、鳩山首相は「友愛」理念を掲げて
「東アジア共同体」構想を提唱（シンガポール）
（「開かれた地域主義」と機能的共同体も強調し、
　　　　米国の疑念に配慮）

▶ 06　シー・パワーとランド・パワー

マハンの
「海上権力」

「シー・パワー」の概念を確立したのは米軍人**アルフレッド・マハン**（1840－1914）である。マハンは、『**海上権力史論**』（1890年）において、**海を制する者が世界を制す**として、海軍力、通商・海運、海外領土・市場を総合した国力であるシー・パワーによって制海権を握ることが肝要だと説いた。シー・パワーの成立条件として、国土の地理的位置と面積、人口、国民や政府の資質を挙げた。

　近代以降、スペイン、オランダ、英国、フランス、米国は「シー・パワー」によって世界の覇権を争った。大英帝国は、マハンが説いた通り、制海権を握ることで**「太陽の沈まぬ国」**と呼ばれる世界大国となった。次いで、米国がマハンの理論を実践し、第二次世界大戦では世界最強のシー・パワーとして日本の前に立ちはだかった。

　中国は、長い歴史にわたって北からの脅威と対峙し、干戈を交えるランド・パワーにとどまってきた。しかし、最大の脅威であったソ連（崩壊後はロシア）との関係を改善・強化し、通商によって経済力を増大させ、シー・パワーとしても頭角を現した。マハンに学び、「海上権力」と国家の命運の緊密な関係を重視し、海軍力を強化することによって、**海洋強国を目指す**。中国にとって最も重要なシーレーンは南シナ海からマラッカ海峡を経て中東や欧州に至る**海のシルクロード**だ。これは中国経済を支えるエネルギー資源輸送の大動脈である。その安全のため、スリランカのハンバントタ港、パキスタンのグワダル港、そして紅海の入り口に位置するジブチ港などをつなぐ**「真珠の首飾り」**と言われる海外拠点網を整備する。

シー・パワー　が世界を制する！

『海上権力史論』（1890年）
海を制する者が世界を制する。
「シー・パワー」で制海権を握る
ことが肝要
条件：国土の地理的位置と面積、
　　　人口、国民や政府の資質

アルフレッド・
マハン
（1840−1914）

●大英帝国は制海権を握り「太陽の沈まぬ国」と呼ばれる
　世界大国となった

↓

●米国はマハンの理論を実践し、英国に代わって
　世界最強のシー・パワーとなった

↓

●中国はランド・パワーに加え、シー・パワーも目指す
　南シナ海から中東・欧州への海のシルクロードの制海
　権を握るため、スリランカ、パキスタン、ジブチの港を
　つなぐ「真珠の首飾り」を構築

▶ 01　第一列島線と第二列島線

海をめぐる
米中の角逐

　1950年、トルーマン政権の国務長官アチソンは、「米国が責任を持つ防衛ラインは、**フィリピン－沖縄－日本－アリューシャン列島まで**である。それ以外の地域は責任を持たない」（「アチソン・ライン」）と演説した。そこには、台湾やインドシナなどとともに朝鮮半島に言及がなく、力の空白が生じたとみた金日成が率いる北朝鮮軍による韓国侵攻を招いたと批判された。

　中国は、アチソン・ラインを延長した**「第一列島線」**と小笠原諸島からサイパンやグアムを経てパプアニューギニアに至る**「第二列島線」**を軍事戦略上の概念と位置付ける。A2 / AD（接近阻止・領域拒否）能力の強化によって「第一列島線」内側への米国海空軍の侵入を阻み、外洋海軍建設によって「第二列島線」への進出を図ろうとする。

　これに対し、米国はオバマ政権以降、**太平洋と大西洋の海軍力を5：5から6：4に転換**し、日米同盟を基軸として、沖縄駐留の米軍や第7艦隊を核に、韓国からベトナムに至る「第一列島線」を第一次防衛ラインに位置付け、中国の力による現状変更と「第一列島線」内側の内海化を阻止せんと努める（地図参照）。かつて中国人民解放軍幹部が、米太平洋艦隊司令官に**太平洋二分割統治**を提案したことにも、中国の自信が窺われる。**「インド太平洋軍」**は世界最大の艦隊を擁し、**「自由で開かれたインド太平洋」**秩序の維持活動を展開する。

　米中両国の地政学的な力のせめぎ合いが両国のパワー・バランスの変化を反映しつつ進行する。

30秒でわかる! ポイント

米国による海の安全保障

ディーン・アチソン
（1893－1971）

アチソン・ライン （1950年）

フィリピン―沖縄―日本―アリュー
シャン列島が米国の防衛ライン

↓

台湾や朝鮮半島が含まれていない

↓

力の空白と見た
北朝鮮が韓国侵攻

対中海洋戦略

（海軍力）　太平洋：大西洋　5：5➡6：4

（第一次防衛ライン）
韓国―ベトナムに至る第一列島線

↓

中国の第一列島線内側の内海化を阻止
世界最強の「インド太平洋軍」は
「自由で開かれたインド太平洋」秩序を維持

▶ 02　チョーク・ポイント

国際海峡の重要性

　海の地政学において重要なのが**チョーク・ポイント（choke point）となる国際海峡**である。航行の要衝となる海峡（点）は、シーレーン（線）と広大な海洋（面）を制するからだ。マラッカ海峡は、太平洋とインド洋をつなぐ、中東からアジアへのシーレーンの最重要パーツである。

　英仏間のドーバー海峡は34km しかないが、第二次世界大戦ではドイツの英国侵略の障害となった。また、この海峡の存在（と「運び屋」の不在）によって英国は欧州大陸諸国ほどはアフリカや中東からの難民圧力を受けずにすんでいる。

　台湾海峡は、最も狭いところでも130km あり、ドーバー海峡の４倍の距離がある。距離による地政学が、中国の軍事力増強にも拘らず、人民解放軍の台湾侵攻に対する一定の歯止めとなっている。中国が総統選挙を揺さぶるため、台湾沖にミサイルを撃ち込んだ**台湾海峡危機**（1995-1996年）では、米国が２個空母部隊を展開させて、中国の威嚇を止めた。現在、台湾に臨む中国沿海部には1200発の短距離ミサイルが配備され、武力統一を想定した軍事演習も強化されるなど、海峡の緊張は高まる。

　右ページの写真と地図は、インド洋とアラビア湾をつなぐ**ホルムズ海峡**である。北はイラン、南はオマーンの飛び地であり、航行可能範囲は狭い箇所で３km しかない。日本をはじめ、多くの国のタンカーが通過するため、封鎖されれば世界経済に大きな影響を与える。米国とイランの関係悪化はこのリスクを高める。

台湾海峡の重要性

第二次世界大戦ではドーバー海峡が
ドイツによる英国侵略の障害となった

台湾海峡は130km(ドーバー海峡の4倍)

↓

中国人民解放軍の台湾侵攻の歯止めとなってきた

1995−1996年の台湾海峡危機

中国が台湾沖にミサイルを撃ち込む

↓

米国が空母部隊を展開して中国の行動を抑止

ホルムズ海峡は狭いところで3km。
封鎖されれば世界経済に大きな影響。

▶ 03　欧州とロシアの地政学

NATOの東方拡大とウクライナ戦争

　欧州の地政学の特徴の一つは**バルト三国や旧東欧諸国とロシアの間の緊張**である。**ジェームズ・ベーカー**米国務長官（在職1989－1992）が「1インチたりとも東進しない」とゴルバチョフ書記長に「約束」したのはドイツ統一交渉が始まる1990年である。その「約束」と引き換えに、ゴルバチョフはドイツ統一を認めた。翌年、ワルシャワ条約機構とソ連は崩壊し、中・東欧諸国は自らの将来をNATOとEUに託そうとした。

　しかし、それは**NATOの東方拡大**を意味し、ロシアとの「約束」やロシアの国益と衝突する。NATOは、ロシアのIMF・世銀やWTOへの加盟とG7参加を認める国際社会の動きと連動する形で、ロシアとの「戦略的パートナーシップ」などの協力を進めたが、ロシアの反発は消えなかった。

　2014年4月、プーチン大統領はクリミア併合を正当化するスピーチの中で、「西側」が統一ドイツ国境を超えてNATOを拡大しないとの「約束」を破ったと非難した。しかし、その後の多くの関係文書や関係者の証言によっても、そうした「約束」が拘束力ある形でなされたとの結論は得られていない。「帝国」ロシアの復活を目指すプーチン大統領は、2014年にNATO加盟に動くウクライナのクリミア半島を併合し、2022年には東部の親ロ勢力支配地域の独立を承認し、**ウクライナに全面侵攻**した。ロシアの暴挙に対し、「西側」は強力な経済制裁を実施した。冷戦終結以来最大の危機が欧州を覆い、世界経済への影響も甚大となった。

NATOの東方拡大とロシアの「反撃」

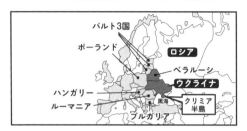

バルト3国
ポーランド
ロシア
ベラルーシ
ハンガリー
ウクライナ
ルーマニア
黒海
クリミア半島
ブルガリア

NATO拡大の歴史

1999年	ポーランド ハンガリー チェコ
2004年	ルーマニア スロベニア バルト3国 ブルガリア スロバキア
2009年	アルバニア クロアチア
2017年	モンテネグロ
2020年	北マケドニア

ジェームズ・ベーカー

1インチたりとも東進しない（1990年）

↑

東西ドイツ統一を認める

↓

ソ連崩壊

ミハイル・ゴルバチョフ

東欧諸国やバルト三国がNATOに参加
＝
NATOの東方拡大

↓

プーチン大統領は「西側」が約束を破ったと非難

↓

ロシアがクリミアを併合し、ウクライナを侵略

↓

東欧諸国やバルト三国はNATOの集団防衛強化を主張

▶ 04 欧州と中東・アフリカの
地理的近接性

難民危機

　欧州の南からは、難民や不法移民の圧力が高まった。シリア危機
では、**難民は米国や豪州ではなく、欧州を目指した**。それは地図を
見れば自明だ。その急増は政治的・社会的問題となって欧州各国の
安定や EU の結束を揺さぶった。同じ構造的要因から生まれたテロ
の脅威も深刻となった。

　右ページの地図は、「難民危機」を生んだ難民流入経路を示す。
多くの難民が陸路を通じて、或いは、運び屋が手配する小さなボー
トで狭い海峡を渡って欧州を目指した。欧州は、紛争や貧困に苦し
む中東やアフリカの人々にとって豊かで安全、かつ最も近い場所な
のである。米国や豪州は、距離が制約となった。

　新たな移民はかつての移民にとっては競争相手となる。社会的負
担も高まる。経済が低迷し雇用や収入が脅かされれば、不満や怒り
の矛先は新たな移民に向かう。難民受け入れ負担の増大は人権・人
道や開かれた社会を希求するリベラルな声を圧倒した。

　難民・移民問題は欧州選挙の一大争点となり、国民の投票行動に
影響を与えた。大衆迎合のポピュリズムや右翼政党が台頭し、政治
の右傾化がうねりとなって欧州各国に広がった。500km に及ぶ電
流フェンスを築いたハンガリーは国際的批判を浴びたが、国内での
首相支持率は高かった。反移民感情の高まりは反グローバリズムや
反 EU の広がりにもつながった。「EU から主権を取り返せ」との
声は**英国の EU 離脱**を生んだ。共同体としての欧州は大きな岐路
に直面し、欧州の分裂を懸念する声も聞こえる。

30秒でわかる! ポイント

欧州の難民流入危機

中東・アフリカからの **難民** ➡ 欧州へ

↓

①テロなど治安悪化への懸念

②かつての移民にとっての競争相手となる
（雇用や収入への影響）

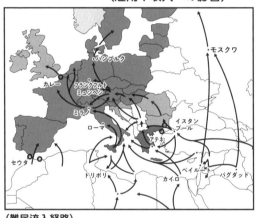

（難民流入経路）

欧州各国の選挙で **移民・難民問題** が争点に

反移民・反グローバリズム、反EU（「EUから主権を取り返せ!」）

↓

ポピュリズムの広がり、極右政党の台頭

↓

英国のEU離脱　**欧州分裂の懸念**

▶ 05　地政学上の優位に立つ米国

オフショア・バランシング

　欧州に比べて、米国は地政学的に恵まれている。東西を太平洋と大西洋という天然の要害によって守られ、南北は友好的な軍事小国である。また、欧州と東アジアを結ぶ太平洋と大西洋の間に位置する米国は、**世界の貿易航路の巨大なハブ**となって、世界の通商を牛耳った。欧州文明のエッセンスと「地理の恩恵」が融合した時、超大国への扉が米国に開かれたのである。

　こうして米国は、他の大国であれば本土防衛に用いる資源を世界秩序の構築や維持に振り向けることができた。米国が恐れたのは、1つの大国が欧州やアジアの覇権を握ることによって、米国の安全を脅かすことであった。モーゲンソーは、**米国の安全への脅威は西半球（南北アメリカ大陸）以外から来る**もので、それは欧州列強による脅威であると論じた（『米外交の行き詰まり』/ 1962年）。この認識に立つ戦略の一つが**オフショア・バランシング**（6 -03参照）だ。欧州やアジアにおける勢力均衡を維持するためには、同盟国等との負担分担ではなく、負担移動によってなされるべきで、直接のバランシングが必要となった時に初めて**大洋を越えた「オフショア（沖合い）」から軍事力を投入する**ことになる。第一次世界大戦への参戦はドイツの欧州覇権を阻止するためであり、第二次世界大戦への参戦もドイツと日本の地域覇権による東西挟撃を回避するためであった。そこには、リムランド理論が顔を覗かせる。

　今、その対象となるのが中国とロシアである。その観点から、欧州ではNATO諸国、東アジアでは日本・インド・豪州が重要となる。

30 秒でわかる! ポイント

米国の地政学

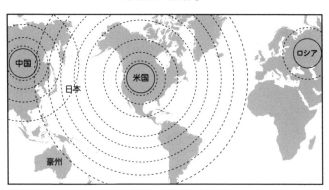

| 米国 | 地政学的に世界貿易航路の巨大ハブとして富を築く |

モーゲンソー
「米国の安全への脅威は
西半球以外から来る」

一つの戦略が　**オフショア・バランシング**

過剰な介入を避けつつ、ユーラシアでの
覇権国家の出現を阻止する

↓

20世紀前半、ドイツや日本が地域覇権に近づく

↓

第一次・第二次世界大戦への米参戦

↓

そして今、中国とロシアがその対象となる

11

地政学の実践

▶ 06 「モンロー主義」と西半球の覇権

「棍棒外交」と
孤立主義

　米国は、地政学上の優位に加え、**「モンロー主義」**（1823年のモンロー大統領の議会教書で発表した欧米間の相互不干渉原則）という対外政策と**ロシアからのアラスカ購入**（1867年）によって、欧州列強やロシアの北米地域への脅威や干渉を排除し、排他的な地域支配を確立した。

　19世紀末に米国が帝国主義列強として国際政治に関わるようになると、モンロー主義は拡大解釈され、カリブ海域への干渉が正当化された。それを象徴するのが、**セオドア・ルーズベルト大統領**（1858−1919）の**「棍棒外交」**（「棍棒を持って、静かに話せ、それで言い分は通る（Speak softly and carry a big stick, you will go far）」）である。トランプ大統領は、著書の中で、この言葉を引いた。キッシンジャーは「勢力均衡の観点から国益を認識していた」大統領として高く評価した。しかし、米国の外交史においては、道義を重視したウィルソン大統領を「主流」とすれば、**S・ルーズベルトは「異端」**であった。

　第一次世界大戦が勃発すると、モンロー主義は欧州の戦争から米国を遠ざけようとする**「孤立主義」の役割**も果たした。それは、国際公益の形成や公共財の擁護に責任を負うべきだとの「国際主義」への対立軸として、その後の米国外交に影響を与えた。今日、米国は、西半球の問題について中国やロシアの干渉を排除できているだろうか？　ベネズエラの民主化をめぐる対応などを見ていると、その意思も力もモンロー主義には程遠い感がある。

米国のモンロー主義

ジェームズ・
モンロー
(1758−1831)

「モンロー主義」

(1823年のモンロー大統領の議会演説)

①米国は欧州政治に介入しない
②欧州諸国の西半球への干渉は米国への
　非友好的意向の表明とみなす
↓
モンロー主義を拡大解釈
↓
カリブ海域への干渉を正当化

セオドア・
ルーズベルト
(1858−1919)

「棍棒外交」

(S・ルーズベルト大統領の砲艦外交)

「棍棒を持って、静かに話せ、
それで言い分は通る」

欧州諸国の西半球への干渉を拒否する権
利のみならず、カリブ海域での「棍棒外交」
を行う権利も持つ
↓
1903年、パナマをコロンビアから分離・独
立させてパナマ運河を建設(租借権獲得)

米外交の2つの思潮

①モンロー主義→「孤立主義」……第一次世界大戦から
　　　　　　　　　　　　　　　米国を遠ざける
②ウィルソン主義→「国際主義」……国際公益の形成や公共
　　　　　　　　　　　　　　　財の擁護と責任を負う

▶ 07　中国の厳しい地政学

歴史のトラウマと強国願望

　中国では、**地政学は「地縁政治学」**と呼ばれ、「地理の要素と政治の構造の地域的形態に基づき、世界や地域の戦略形勢と国家の政治行動や地縁関係を分析し予測すること」と定義される。

　大陸国家中国にとっての安全保障とは、歴史の長きにわたって、陸続きの北方の防備を固めることであった。しかし、19世紀半ば以降、欧州列強の進出・侵略によって、脅威認識は沿海部の先に広がる海洋に向けられた。アヘン戦争後の100年の「屈辱」は民族的ナショナリズムとなり、強国願望ともなった。

　現中国は2万2800kmに及ぶ陸の国境によって**14の国家と接する**。中でも4200kmに及ぶ中ロ国境では冷戦期にソ連との軍事衝突も起きたが、1995年までに全国境の画定がなされた。未確定国境の中では、**インドとの国境紛争**が最大の外交問題であり、2020年にも死者を出す衝突が起きている。

　また、新疆やチベットなどの民族問題、**香港の「一国二制度」**や台湾統一の問題、朝鮮半島有事やそれに伴う難民流入懸念など、国境周辺の地政学リスクは多々ある。海上では、日中間で排他的経済水域が重なり合う東シナ海（境界未画定）や尖閣諸島の問題、南シナ海の領有権問題から第一列島線内外での米国との軍事的対峙まで緊張が続く。

　中国は、通常の地理的国境概念に加え、総合国力（特に軍事力）の変化によって拡張または縮小する**「戦略的辺境（辺疆）」**を重視し、海洋・宇宙・インターネット空間での優位を目指す。

30秒でわかる! ポイント

中国の地政学

「地縁政治学」 地理と政治構造の地域的形態で戦略形勢と国家の政治行動や地縁関係を分析・予測

中国の地理的不確実性

・14カ国と国境を接する
・第一列島線で米国の同盟国や米国と対峙

中国の国防の変化 陸続きの北方からの脅威に備えてきた

↓

19世紀半ば以降 欧州列強の進出・侵略で海洋防備の必要性

↓

現在 中ロ国境の画定（1995年）
インドとの国境紛争（1962年に衝突、最近では2020年に死者を出す衝突も）
香港「一国二制度」、台湾統一問題
朝鮮半島有事、東シナ海資源開発、尖閣諸島、南シナ海領有権問題

「戦略的辺境」を重視

↓

海洋・宇宙・インターネット空間での優位を目指す

▶ 08 「海洋強国」を目指す中国

第一列島線内での地政学リスクの増大

大陸国家である中国が「海洋強国」を目指すのはなぜか。

第一に、中国経済のグローバル化の進展によって海外権益の保護やシーレーン防衛への要請が高まった。

第二に、台湾、東・南シナ海など、周辺海域に存在する係争を解決するためには、「海上権力」を強化する必要がある。

第三に、「(世界一の) 強国強軍」という「中国の夢」実現のための道が**「海洋強国」**とされる。「海洋強国建設」が戦略目標(2012年の党大会)として掲げられ、習近平国家主席は、「発展にとって最良の時期」と発破をかける。中ロ関係改善によって陸の守りに必要とされた資源を海洋進出に回せるようになったことがその背景にある。

中国の海洋進出によって、**地政学リスクが増大**している。

第一に、エネルギー資源や主権が絡む領土問題では、ナショナリズムを背景とする強硬外交や力の行使による現状変更が顕著で、周辺諸国との対立や摩擦が激しくなっている。

第二に、「戦略的辺境(疆)」において、中国軍の活動が活発化しており、**「第一列島線」の内外で米国との角逐が激化**している。

南シナ海や東シナ海での中国軍の艦船や航空機の挑発的行動は、中国側の意図いかんに拘わらず、現場での衝突リスクを増大させ、関係国による軍拡の連鎖(「安全保障のジレンマ」)を引き起こしている。特に、中国の軍事力増強は顕著で、**空母4隻体制、海兵隊と水陸両用攻撃艦(075)の増強**など海軍力でも日本の海上自衛隊を凌駕し、米軍に対しても第一列島線内での優勢を確立しつつある。

30 秒でわかる！ ポイント

中国の戦略目標＝海洋強国

大陸国家が海洋強国を目指す理由

①経済のグローバル化で　海外権益の保護　と

シーレーン防衛　への要請強まる

②台湾、東・南シナ海など、周辺海域の係争を解決する
ための「海上権力」の強化が必要

③中国の夢　「強国強軍」　を実現するには
「海洋強国」建設が必要

↓

地政学リスクが増大

①領土問題
ナショナリズムも絡み、周辺諸国との対立は続く
②米国との覇権争い
特に、第一列島線内外で現場の緊張（衝突リスク）は高まる

↓

軍拡の連鎖（安全保障のジレンマ）：中国はミサイル・航空
戦力、空母4隻体制、潜水艦、海兵隊と水陸両用攻撃艦の増
強でアジア最強の海軍に！

▶ 09 「核心利益」と中国の地図

独自の
領有権主張

　中国は、**国家主権や領土保全や国家統一を譲歩の許されない「核心利益」** に位置付けており、台湾やチベットや新疆がそれに該当する。周辺国と対立・衝突する東シナ海や南シナ海については明確ではないが、主権や領土との関係で「核心利益」に近い利益として位置付けられていることは間違いない。しかし、強大化する中国が大国の力の論理で自国の国益を一方的に主張するなら地政学的緊張は高まるばかりだ。そうした姿勢を象徴するのが右ページの地図とパスポートである。

　2014年に中国で新しく刊行された地図には、南シナ海全域が付け加えられており、縦に長い地図となっている。そこには、中国が歴史的権利を主張する根拠とされる**「九段線」** が引かれている。写真のパスポートは2012年に発行された中国旅券であり、「九段線」が引かれた地図が印刷されている。これにフィリピンとベトナムは強く反発した。

「九段線」が囲む海域は南シナ海の約90% を占める。中国政府はその海域を古くからの「中国の海」だと主張する。この独自の主張を退けた2016年のハーグの常設仲裁裁判所の裁定を「紙くず」と呼んで拒絶した。

　地図や旅券によって、中国の人々は自国の地理的広がりを意識し、国家のイメージを形成する。それはナショナリズムと混じり合って、中国の対外姿勢や外交政策に影響を与え、東アジアの安全保障や地域秩序にも影響を与える。

30秒でわかる! ポイント

中国による南シナ海領有権の主張

2014年刊行の地図
南シナ海が加わり、縦に長くなった。

2012年発行の中国パスポート
円内に九段線が引かれた地図
が印刷。フィリピンとベトナム
は反発。

中国の主張する「九段線」

**中国政府は古くから中国の海と主張
南シナ海の約90%を占める**

↓

2016年、ハーグの常設仲裁裁判所は中国の主張を退けた

↓

中国は同裁定を「紙くず」と呼んで拒絶

▶ 10 地政学の最前線たる朝鮮半島

南北の分断と緊張

　朝鮮半島では、古来、地域大国の戦略的利益が衝突してきた。大国は半島全体が敵対国家の影響下に入ることを認めず、半島はしばしば戦場となった。元王朝は朝鮮を属国化し、日本に侵攻した。豊臣秀吉の朝鮮出兵には明国が軍を派遣して応戦した。明治日本は朝鮮半島をめぐり、清国と戦い、さらにロシアとも戦って勝利し、朝鮮を併合した。それは中国東北部への軍事的拡張の足場となった。戦後、朝鮮半島では米ソが38度線を境に対峙し、それぞれの影響下で**分断国家**が生まれた。中ソの支援を受けた北朝鮮の侵攻により朝鮮戦争が起き、中国の軍事介入もあって、**38度線**で南北対峙のまま休戦した。それ以降、朝鮮半島では半世紀以上にわたり対立と緊張が続いている。

　朝鮮戦争後、韓国は輸出志向型工業化を進め、**「アジアの虎」**と形容されるほどの高度経済成長を実現し、OECDやG20の一員となった。一方、北朝鮮は、豊富な鉱物資源や日本統治時代の工業力を基礎に、中ソからの援助も受けて、朝鮮戦争後の8年間は韓国を上回る経済成長を見せたが、その後は停滞し、近年は**1人当たり国民総所得（GNI）が韓国の20分の1以下**という格差をつけられた。その遅れを補うかのように軍事力強化、とりわけ、核・ミサイル開発に邁進してきた。

　右ページの写真は、朝鮮半島の夜を示す写真である。明るく見える右下は韓国、左は中国。**その間の真っ暗な部分が北朝鮮**である。その中で一点だけ星のように輝いているのが首都平壌である。

30 秒でわかる! ポイント

朝鮮半島の歴史と地政学

地域大国の戦略利益が衝突

元王朝による朝鮮属国化と日本への侵攻

↓

豊臣秀吉の朝鮮出兵と明国の応戦

↓

日清戦争
（朝鮮の支配権を争う）

↓

日露戦争
（朝鮮・満州の支配権を争う）

↓

日本が朝鮮を併合

↓

第二次世界大戦後、南北に分断国家

↓

朝鮮戦争
（米軍主導の国連軍が中国国境に迫り、中国も軍事介入 → 休戦）

↓

韓国は高度経済成長
北朝鮮は停滞し、核・ミサイル開発に邁進

朝鮮半島の夜

真っ暗な部分が北朝鮮。

▶ 11　日本にとっての朝鮮半島

逃れられない
地政学的リスク

　日本は、古くは７世紀に倭国が参戦し敗戦した**白村江の戦い**に見られるように、その対外進出や脅威認識には、朝鮮半島の存在が付きまとってきた。

　明治日本の指導者**山縣有朋**（1838－1922）は、ドイツの法学者シュタインから学んだとされる「主権線・利益線」論からなる地政学的軍事戦略を提唱し、朝鮮半島に影響力を行使した。日本は朝鮮半島を「利益線」として位置付けて、清国、ロシアと戦った。日韓併合後は朝鮮半島を**「主権線」**と位置付け、その防衛のため、朝鮮半島に接する中国東北部を**「利益線」**と位置付けて軍事的進出を強めた。その結果、満州事変を経て中国との戦争に突き進んだ。

　朝鮮戦争（1950－1953年）においては、日本に駐留する米軍が韓国に派遣されるとともに、日本は軍需物資を提供する巨大な工場と化した。**「朝鮮特需」**は吉田茂首相が**「天の恵み」**と呼んだほどで、日本経済は急速に回復した。

　今日、北朝鮮の核・ミサイルは日本にとって大きな脅威となっている。2020年の防衛白書は、北朝鮮が、「弾道ミサイルに核兵器を搭載してわが国を攻撃する能力を既に保有しているとみられる」と記し、日本に対する北朝鮮の核攻撃能力を初めて認めた。

　ノドン・ミサイルは、日本のほぼ全域に到達できる約1300kmの射程を持ち、スカッドERは北朝鮮北東部から発射した場合、日本の約半分を射程に収める。

日本にとっての朝鮮半島の地政学リスク

山縣有朋
(1838-1922)

「主権線と利益線」

山縣有朋が提唱した
地政学的軍事戦略

朝鮮半島を「利益線」として位置付けた
↓
日清、日露戦争の勝利で日韓併合

朝鮮半島は 「主権線」 に！

中国東北部を 「利益線」 に位置付けた

↓
満州事変
軍事的膨張を生み出していった

北朝鮮の核・ミサイルの脅威

北朝鮮の保有するノドン・ミサイルの射程は1300km、発射後7〜10分で日本のほぼ全域に届く。

朝鮮有事の在日米軍の出撃

朝鮮有事となれば国連軍地位協定(1954年)により認められた横須賀や普天間など7カ所の在日米軍基地から米軍(国連軍)が出動する可能性。

▶ 12　海洋国家日本の地政学1

盾としての
海の役割と
離島の安全

　日本にとって、**海は地政学上最大の要素**である。

　第一に、国家の安全を守る海の重要性である。日本には中国や韓国のような陸の国境が存在しない。そのことが長い日本の歴史において安全保障上有利に働いた。日韓間に横たわる対馬海峡は200kmの幅を持ち、強い海流が流れる。元寇では、暴風雨（「神風」）が元の大艦隊を壊滅させた。他方、こうした地政学的条件は**「国境」警備に対する意識や取り組みを低下**させた。1970年代から80年代にかけて横田めぐみさん（当時13歳）等が拉致されて北朝鮮に連れ去られる事件が起きた。今日、海の持つ防衛上の優位は、軍事・科学技術や交通手段の発達によって低下している。

　第二に、離島の主権と安全の問題である。北海道・本州・四国・九州を含めた**日本の構成島数6852島の9割以上が無人島**である。この中には、ロシアと韓国に不法占拠されている北方領土や竹島、中国が領有権を主張する尖閣諸島も含まれる（参考）。近年、中国の海洋進出が活発化し、尖閣諸島周辺海域への中国公船の侵入も常態化している。また、北朝鮮木造船の乗組員が離島に上陸して物資を盗み出す事件も起きた。**離島の安全をどう守るか**。南西諸島では自衛隊部隊の配備など防衛力が強化されるが、より根本的な政策は、東京一極集中を是正し、離島を含む国土のバランスある発展を図ることであり、それが国家の対外的強靱さにつながる。

【参考：日本政府の立場】尖閣諸島：日本が有効支配。領土問題は存在しない。竹島・北方
　領土：韓国・ロシアが「不法占拠」。

30 秒でわかる！ ポイント

日本にとっての海の存在

盾となる海

① 陸上国境がない
国境警備意識が希薄？（拉致事件）
② 軍事・科学技術と交通手段の発達

海の防衛上の優位性が低下 ─

離島の安全

6852の離島の
9割以上が無人島

● 警備力・防衛力強化
● 離島含む国土の
バランスある発展

地図・海図に記載する
名称を決定した
EEZ外縁を根拠づけ
る離島（49島）

㊳三ツ岩・㊱稚北小島（北海道礼文町・礼文島）

⑨トド打ちの島・⑩コロタ離れ島（北海道礼文町・礼文島）

㊴ベンサシ大島（北海道礼文町・礼文島）

⑧ジャブジャブソリ（北海道羽幌町・天売島）

㉜トド島・㉝ボウズ岩（北海道奥尻町・奥尻島）

㉙〜㉛トド岬西小島他2島（北海道松前町・（松前）大島）

㉘小瀬（石川県輪島市・舶倉島）

㊲水かぶり（北海道枝幸町）

㊳幌内北小島（北海道雄武町）

㊴エタスベ岩（北海道斜里町・知床岬）

①仲島（岩手県大船渡市・首埼）

②かもめ島（宮城県石巻市・金華山）

㉗見島北オオ瀬（山口県萩市・見島）

⑦十島（島根県江津市・島屋算）

⑤ヒバン瀬・⑥シロウ殿瀬（長崎県対馬市・対馬）

㉕田里生崎西小島（長崎県対馬市・対馬）

㉔白瀬北小島（長崎県小値賀町・白瀬）

④岩瀬（中岩）（長崎県五島市・肥前鳥島）

㉒北西小島・㉓北小島（沖縄県久米島町・硫黄鳥島）

㉑北小島（沖縄県石垣市・大正島）

㉖人ノ島（福岡県宗像・沖ノ島）

③カジヤ瀬（高知県土佐清水市・足摺岬）

⑱〜⑳北西小島他2島（沖縄県石垣市・久場島）

⑰南西小島（沖縄県北大東村・沖大東島）

①東小島（東京都・須美寿島）

②涙ヶ浜東小島（東京都・（伊豆）鳥島）

③後東小島（東京都小笠原村・嫁島）

④舶根南小島（東京都小笠原村・姪島）

⑮南西小島（東京都小笠原村・西之島）

⑯丸根南小島（東京都小笠原村・北硫黄島）

⑤〜⑭松江岬東小島他9島（東京都小笠原村・南硫黄島）

（出所）内閣府ホームページ

▶ 13　海洋国家日本の地政学 2

日本は
海洋強国に
なれるか？

　強国の条件の一つが海洋国家としての強さにある。日本は、陸地面積が38万㎢の世界で61番目の広さの島国であるが、排他的経済水域（EEZ）に領海を合わせた海の広さは447万㎢となり、米国などに次いで**世界6位の海洋国家**である。

　国家は自国の EEZ に対して天然資源及び自然エネルギーに関する「主権的権利」、並びに人工島・施設の設置、環境保護・保全、海洋科学調査に関する「管轄権」を有する。右ページの地図から明らかな通り、その多くは太平洋側に存在し、日本海と東シナ海では隣国との間で EEZ が重複する。海洋国家としての発展の可能性は太平洋側に広がる。

　マハンが指摘した通り、海を持っているだけでは「海洋強国」とは言えない。**領土の12倍近い EEZ や延長大陸棚をどう活用するか**が、日本が海洋強国となるカギを握る。

　一方、海洋は残された数少ないフロンティアであり、資源やシーレーン、安全保障をめぐって主権国家の競争と対立の場ともなる。日中共同開発に関する合意（2008年）にも拘らず、東シナ海の日中中間線の西側での**中国の一方的な海底資源開発**は進む。海上保安庁をはじめ、領海の保全、海洋権益の確保、海賊・犯罪の取り締まりや防災などのための予算や人員の強化が急務だ。

（注）領海12海里、接続水域12海里、EEZ200海里。1海里は1652m。

30秒でわかる！ ポイント

日本が海洋強国となるカギは？

①広い海を持つ海洋国家の認識
陸地面積38万k㎡（世界61位）
排他的経済水域（EEZ）＋領海＝447万k㎡（世界6位）

②発展の可能性が広がる太平洋側を開発
↓

領海の保全、海洋権益の確保などへの、予算、人員の強化が急務

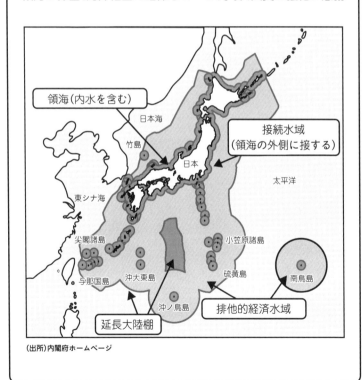

領海（内水を含む）

接続水域
（領海の外側に接する）

日本海

竹島

日本

太平洋

東シナ海

尖閣諸島

小笠原諸島

与那国島

沖大東島

硫黄島

南鳥島

沖ノ鳥島

排他的経済水域

延長大陸棚

（出所）内閣府ホームページ

▶ 14 「地経学」の台頭

非対称な
相互依存と
中国のパワー

　冷戦終結後、軍事力の重要性が低下し、経済のグローバル化と相互依存の高まりが経済統合や機能的協力につながった。相互依存が平和をもたらすとの議論がリベラリズムを勢い付けた。しかし、民族や宗教をめぐる紛争は増大したし、経済相互依存の非対称性（1-06参照）が国家の政治・外交目標の達成や影響力の増大に利用されるようになった。後者は、**「地経学（Geoeconomics）」**とも呼ばれ、地政学に代わって脚光を浴びる。その起源は、**エドワード・ルトワック**（1942－）が雑誌『ナショナル・インタレスト』に「地政学から地経学へ」（1990年）と題する論文を発表したことに遡る。

　地経学の統一的概念はなく、「geo」をどう解釈するかによっても多様である。ここでは、**「経済的手段を用いて地政学的目的を実現する外交戦略或いは分析枠組み」**と定義する。

　多くの論文が発表されているが、中には「geo」との関係が不明な論文も少なくない。ここで定義した地経学を多用する国家が中国である。中国は、共産党一党支配と国家資本主義という体制の下で、貿易や市場をコントロールし、グローバルな国有企業を統治し、観光や留学をも統制するなど、多種多様な経済的手段を持ち、非対称な経済相互依存関係の下、地経学上優位に立つ。

　終末高度防衛ミサイル（THAAD）配備を決定した韓国へのビジネス・観光上の制裁、南シナ海をめぐる仲裁裁判に訴えたフィリピンからのバナナ輸入規制、尖閣諸島をめぐり対立した日本へのレアアース輸出禁止などは、地経学的国家行動と言える。

「地政学から地経学へ」(1990年)
（エドワード・ルトワック）

経済的手段を用いて地政学的目的を
実現する外交戦略或いは分析枠組み

中国の地経学的行動

THAAD配備を決定した韓国へのビジネス・観光上の制裁
南シナ海仲裁裁判に訴えたフィリピンからのバナナ輸入規制
尖閣諸島をめぐる対立による日本へのレアアース禁輸

1980年と2018年の、米と中国を最大の貿易パートナーとする国の変化

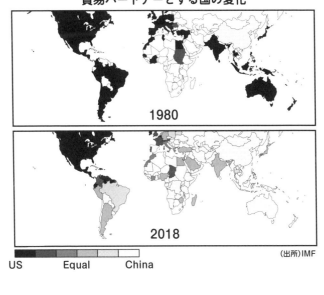

1980

2018

（出所）IMF

US　　　Equal　　　China

11

地政学の実践

▶ 15 地経学の巨大経済圏「一帯一路」

中国主導の
国際経済秩序と
「債務の罠」

　「一帯一路」は、2013年に習近平国家主席が提起した**「陸と海の現代版シルクロード」**であり、「中華民族の偉大な復興」を象徴する中国主導の新経済秩序構築の動きでもある。2018年には、「北極政策白書」を発表し、地球温暖化で船舶航行や資源開発が可能になった北極海に「最も近い国の一つ」として、**「氷上のシルクロード」**と呼ぶ北極海航路も取り込もうとする。

　2017年の第1回「一帯一路」国際会議には、29カ国の国家元首と政府首脳を含む130余国と70余の国際機関の代表が参加した。総額9000億ドルのプロジェクトが実施又は計画されており、第二次世界大戦後の米国のマーシャル・プラン（欧州復興計画／8-01参照）を上回る規模である。中国の狙いは巨額の外貨準備や生産過剰能力の有効活用、遅れた内陸部の発展、対外進出を通じた国有企業強化、沿線諸国との友好関係の増進や政治的影響力の増大、天然資源の確保など多元的だ。

「互聯互通（connectivity）」の標語の下で、中国と沿線諸国とのつながりは深まり、中国の経済的テコと政治的影響力が強まる。投下資金の多くは政府系開発銀行の融資であり、返済困難となれば建設したインフラは中国の手に落ちかねない。中国企業がスリランカのハンバントタ港の運営権（99年間）を得ると、**「債務の罠」批判**が高まった（モルディブ、パキスタン、ジブチなどでも対中債務が増大）。日本は、開放性・透明性・経済性・財務健全性（債務の持続性）の4原則を提唱する。

30秒でわかる! ポイント

「一帯一路」＝陸と海の現代版シルクロード
→ 新経済秩序

天然資源確保

沿線諸国との友
好関係増進、政治
的影響力の増大

巨額の外貨準備の活用

**中国
の狙い**

国有企業強化

生産過剰能力の
有効活用

内陸部発展

氷上のシルクロード

シルクロード経済帯＝6大経済回廊

② 新ユーラシア・
ランドブリッジ

① 中国・モンゴル・
ロシア経済回廊

③ 中国・中央アジア・
西アジア経済回廊

⑥ バングラデシュ
・中・印・ミャンマー
経済回廊

⑤ 中国・パキスタン
経済回廊

④ 中国・インドシナ半島
経済回廊

21世紀海上
シルクロード

「債務の罠」批判
日本は、開放性・透明性・経済性・財務健全性を提唱。

11

地政学の実践

▶ 16 「自由で開かれたインド太平洋」

「一帯一路」を意識した地政学的戦略

　日本は、英国同様、大陸と海峡を隔てて向き合う島国であるが、中国という巨大な国家が存在する東アジアにおいては、欧州大陸の勢力均衡を維持する外交によって安全を確保した英国の政策（オフショア・バランシング / 11-05参照）は取れない。地政学的には、域外の海洋覇権国家（米国）との同盟によって地域全体（特に中国）との勢力均衡を確保することが現実的政策である。また、第一列島線上にある諸国家との提携も重要であり、これら諸国の海上法執行能力強化のための支援は海洋の「法の支配」に資する。

　「自由で開かれたインド太平洋」戦略は、アジアとアフリカの**「2つの大陸」**と太平洋とインド洋の**「2つの大洋」**の交わりが国際社会の安定と繁栄のカギを握るとの認識に立つ。その柱は、航行の自由を含む**「法の支配」**や自由で開かれた市場経済に基づく**国際秩序の維持**であり、**防災・（大量破壊兵器の）不拡散**や**「質の高いインフラ整備」**（連結性強化）による経済繁栄の追求などである。

　日本は、この戦略を外交的修辞に終わらせず、ODAの経験も活かした具体的プロジェクトにつなげ、米国や豪州などと協力して途上国を支援することで戦略目標を達成する必要がある。他方、中国の「一帯一路」の対抗軸として、大国間の地政学的「グレート・ゲーム」の色も帯びる。かつての**「自由と繁栄の弧」**（10-05参照）のように、対中国戦略が色濃く出れば、大国間の権力政治に翻弄される中小国を難しい立場に追いやることにもなり、注意が必要である（安倍政権は「戦略」を「構想」と呼び変えた）。

「自由で開かれたインド太平洋」戦略とは

基本認識 ── アジアとアフリカの「2つの大陸」

→ 交わりが国際社会の安定と繁栄のカギ

── 太平洋・インド洋の「2つの大洋」

柱 ……… 法の支配　防災　（大量破壊兵器の）不拡散

自由で開かれた市場経済に基づく国際秩序の維持

質の高いインフラ整備による経済繁栄の追求

「自由で開かれたインド・太平洋」戦略

太平洋

インド洋

沖ノ鳥島の重要性

　沖ノ鳥島は、東西4.5km、南北1.7kmのサンゴ礁で、低潮時には島の大部分が海面上に姿を見せるが、満潮時には「北小島」と「東小島」とよばれる二つの「高まり」以外は海面下になる（この二つの「高まり」が国際法上の島の定義【参考】に該当する）。この島の周囲200海里には他国の島嶼や排他的経済水域がないため、日本の国土面積より広い40万k㎡のEEZを持つ（11-13参照）。EEZには、漁業資源の他、マンガンなどの鉱物資源やレアメタルも豊富に存在しており、日本にとって重要な海域である。沖ノ鳥島の浸食を防止し、その物理的・法的実体を強固にするため、（サンゴによる）自然造成や有人島化に努める必要がある。

　なお、中国や韓国は、沖ノ鳥島は国連海洋法条約第121条にいう「岩」であり、EEZや大陸棚を持たないと主張している。国連の「大陸棚限界委員会」は、2012年に日本の大陸棚延長を認める勧告を出したが、沖ノ鳥島南方海域については中韓の異論を踏まえて勧告を先送りした。2016年のハーグの常設仲裁裁判所は、南シナ海の中国の人工島（その原形は岩又は低潮時のみ水面に現れる低潮高地）がEEZを有しないと裁定した。

【参考】「国連海洋法条約」第121条
1. 島とは、自然に形成された陸地であって、水に囲まれ高潮時においても水面上にあるものをいう。
3. 人間の居住又は独自の経済的生活を維持することのできない岩は、排他的経済水域又は大陸棚を有しない。

第4部

安全保障

▶ 01　パワーと安全保障政策

リアリズムの
政策論

　国家は、外からの脅威にどう対抗し、どう国家・国民の安全を守るか？　リアリズムの立場からの政策論は次の通り。

　第一に、**自国のパワーを増強**することである。西欧列強の帝国主義という脅威に直面した明治政府は、**「富国強兵」「殖産興業」**に邁進した。現在の日本も、東アジアのパワーバランスの変化の中で、防衛力の強化に努める。

　第二に、それでも不十分なら、**他の国家と同盟**することである。問題はどの国と組むかである。**高坂正堯**（1934-1996）は、**『海洋国家日本の構想』**（1965年）で、「日本が東洋でも西洋でもない立場をとろうと思うならば、遠くの力とより強く結びついて、近くの力と均衡をとる必要がある」と述べている。日本は遠くの米国との同盟によって近くの中国との均衡を保とうとしている。しかし、米国にかつてのような圧倒的パワーはなく、台頭中国のパワーが地域のパワーバランスを中国優位に変えつつある。日米同盟の強化に加え、現行秩序の維持を望む諸国との結束が現実的政策となる。

　第三に、第二次世界大戦後、大国間の戦争が起きていないことは、サイバーや宇宙などの新たな「戦場」の登場と相まって大国間の相対的なパワーの評価を曖昧で不確実なものとしている。台頭国家は、**低強度、低リスクの行動（「探り」）**によって相対的にパワーが衰える覇権国家の反応を探ることで、新たなパワーバランスを見極めようとする。「探り」への明確な抑止対応がさらなる「探り」と現状変更を阻止する政策であることを認識する必要がある。

リアリズムの安全保障政策論

① 自国パワーの増強
まずは自らの防衛力強化

② 同盟（①で不十分な場合）
日米同盟＋現行秩序維持を望む諸国との結束
「遠くの力とより強く結びついて、
近くの力と均衡をとる必要」
（高坂正堯/1965年）

③「探り」への明確な抑止対応
台頭国家（中国）は低強度・低リスクの行動
（「探り」）によって覇権国家（米国）の反応を見
極めようとする。現状変更を阻止する対応が
必要。

④ 非対称兵器による新しい戦争への対応
・無人攻撃機
　ドローンは安価・長距離航続・捕捉困難・迎
　撃コスト高い・小国保有可能
・サイバー攻撃
　見つけにくい・否定しやすい・攻撃精度高ま
　る・小国も保有可能・攻撃優位
・宇宙の軍事化―衛星破壊（ASAT）の脅威
　防御困難で高コスト・情報化経済を麻痺さ
　せる相互脆弱性
→ルール作りや相互自制の必要性認識の共有

▶ 02　勢力均衡

単純・複合と
客観・主観の均衡論

　高坂正堯は、**「勢力均衡の存在しないところに平和はなかった」**と喝破した。勢力均衡は、国家間のパワーの変化によって組み合わせを変える動的な秩序維持メカニズムである。それが機能するにはパワーの均衡を操るバランサーが必要である。19世紀後半、その役割を果たした英国は、ドイツの脅威の前に、バランサーとしての孤立政策を放棄し、仏露との協商に加わり、三国同盟と対峙した。ここに、複合的勢力均衡は単純な勢力均衡に変化した。単純な勢力均衡は第一次世界大戦の勃発を阻止するどころか、「安全保障のジレンマ」となって戦争を招いたと批判された。

　キッシンジャーによれば、歴史上安定した国際秩序は、**①複合的勢力均衡が機能し、観念の共有が可能となった「ウィーン体制」、②冷戦中の米国の事実上の「覇権（帝国）」**（単純な勢力均衡ではない）、だけである（『Diplomacy』1994年）。

　勢力均衡理論では、客観的に存在する均衡と主観的に存在する均衡が区別される。世界に海軍力を展開する米国と違って、中国は核心利益である台湾周辺、及び東・南シナ海への戦力投射を強めており、中国近海の第一列島線内では、客観的均衡が**中国優位に傾いている**。また、主観的均衡についても、米国との差を縮めつつある中国がコロナ・パンデミックによる米国の混乱もあって自信を強め、勢力均衡でも中国優位に変化していると考える可能性がある。そうだとすれば、米国は、米中二国間の単純な勢力均衡ではなく、複合的な勢力均衡を目指す必要がある。

勢力均衡とは？

**国家間のパワーの変化によって組み合わせを変える
動的な秩序維持メカニズム**

| 複合と単純 | ①複合的勢力均衡 |

②単純な勢力均衡

例えば、第一次世界大戦では、
① → ②
→ 「安全保障のジレンマ」が働く
→ 両陣営（三国同盟と三国協商）の
　戦争

| 客観と主観 | ①客観的均衡 |

東アジアに戦力を集中する中国と、グ
ローバルに戦力を展開する米国の間
の地域的パワー・バランスは？

②主観的均衡
中国の自信が米国の政治経済の混乱
で強まるか？

▶ 03　集団安全保障

期待された
国連の役割と
国際政治の現実

「集団安全保障」とは、ある枠組みに参加するすべての国家が互いに武力行使しないことを約束し、約束に反して平和を破壊する国が現れた場合には、他のすべての国が結束してその破壊を防止、または抑圧することで平和を維持するシステムである。外的脅威に対して関係諸国が一致結束して戦う**「集団的自衛権」**とは異なる。

「集団安全保障」は、国際連盟憲章に、次いで国際連合憲章に盛り込まれた。国連憲章第24条は、「国際の平和及び安全の維持に関する主要な責任を安全保障理事会に負わせる」と規定し、**常任理事国5カ国（米・ロ・中・英・仏）**及び2年の任期で総会が選出する非常任理事国10カ国からなる安保理の9理事国の賛成（拒否権を持つ常任理事国の反対がないことが必要）によって採択される決議が国連全加盟国を拘束する。

しかし、大国間の協調を前提とした集団安全保障は機能しなかった。軍事的措置を伴う強制行動（第42条）には、「兵力利用のための加盟国との特別協定が必要」（第43条）で、「安保理常任理事国の参謀総長からなる軍事参謀委員会を創設する必要」（第47条）もある。しかし、これまでそうした協定や委員会が作られたことはない。また、強制行動発動には、「平和に対する脅威や平和の破壊の存在を認定する必要がある」（第39条）が、大国間で「認定」を一致させることは難しい。朝鮮戦争での「国連軍」は、第42条ではなく、第39条の**「勧告」に基づく措置**であり、集団的自衛権の発動を国連が認めたものである。

30秒でわかる! ポイント

集団安全保障とは?

①ある枠組みに参加するすべての国家が、互いに武力行使しないことを約束

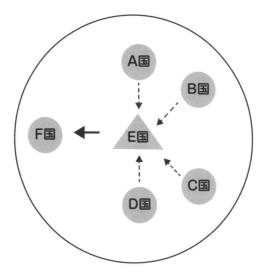

②約束に反して平和を破壊しようとする行為が発生

(E国 が F国 を攻撃)

③武力行使した国に対して、他のすべての国がそれを防止、または抑圧する

(A国 B国 C国 D国 が E国 と戦う)

▶ 04　国連平和維持活動（PKO）

「憲章第6章半の措置」

　集団安全保障に代わる平和のための国際行動として、国連が取り組んできたのが、**国連平和維持活動（PKO）**だ。その活動の実行部隊となるのは、国連の平和維持軍（PKF）であり、停戦監視や兵力の引き離し、武装解除などを主に担当するため、「戦わない軍隊」とも言われた。実際の慣行を通じて確立してきたもので、国連憲章上明文の規定はない。国連憲章の第6章で定められた「紛争の平和的解決」と、第7章で定められた「軍事的措置」の中間的な性格を持つことから、**「第6章半の措置」**（第2代国連事務総長ダグ・ハマーショルド）とも言われた。

　冷戦後、国内紛争又は（国内・国際紛争の）混合型紛争が増大した結果、PKOの任務も多様化し、人道・法の支配・選挙・民主化支援、停戦監視、社会的和解、紛争下の文民保護、治安部門改革、武装解除・動員解除・社会復帰（DDR）などに広がった。日本は、1993年のカンボジアからスタートし、中東のゴラン高原、モザンビーク、東ティモール、南スーダンなどに自衛隊を派遣してきた。

　北欧諸国やカナダは、国際平和維持のために自発的に「待機軍」や「即応旅団（有事にすぐ反応できる陸軍部隊）」を立ち上げた。これらの軍は、個人が国家の一員（国家公務員）としてではなく、国際機関の一員**（「国際公務員」）**の身分で参加するところがPKOとは異なる。国連加盟国が安保理の決議に応じて主権を発動する形で軍隊を派遣する場合とは違って、国連の指揮の下で、より統一された形での機動的な活動が可能となる。

PKOとは？

国連憲章第6章 ─┐
「紛争の平和的解決」 ├── 「第6章半の措置」
第7章 ─┘ 「戦わない軍隊」
「軍事的措置」 ＝国連平和維持軍（PKF）

〈〈PKOの任務多様化〉〉

人道・法の支配・選挙・民主化などの支援

停戦監視　　　　　社会的和解

戦争下の文民保護　　　治安部門改革

DDR（武装解除・動員解除・社会復帰）

| 日本の自衛隊派遣 | カンボジア、中東ゴラン高原、モザンビーク、東ティモール、南スーダンなど |

2012年、南スーダンのPKOに参加した陸上自衛隊の隊員たち

写真:読売新聞/アフロ

▶ 05　専守防衛

「自衛のための
最小限」とは？

　日本の防衛戦略の基本的考え方は、ある国から武力攻撃を受けた場合に限り、防衛のための武力行使ができるとする**「専守防衛」**である。政府公式説明では、「その態様も自衛のための必要最小限にとどめ、また、保持する防衛力も自衛のための最小限のものに限るなど、憲法の精神にのっとった受動的な防衛戦略の姿勢」である（防衛白書）。

　憲法9条には「武力による威嚇又は武力の行使は、国際紛争を解決する手段としては、永久にこれを放棄する」とあるから、この「自衛のための最小限」にも厳格な要件が課せられてきた。すなわち、**①自国に対する急迫不正の侵害がある、②ほかにこれを排除して国を防衛する手段がない、③必要な限度にとどめる**の3要件である。保持する防衛力も、その行使も自衛のための最小限でなければならない。

　この点については、**「相当性」**（**「均衡性」**）の議論がある。仮想敵国や対立する国が攻撃力を高めた兵器を導入すれば、自衛の観点から防衛力を増強しなければならなくなる。自衛隊は、周辺諸国の軍事力増強に合わせる形で、兵器装備能力を向上させてきた。その背景には、自衛権の下で保有できる防衛力は可変的である、という考えがある。しかしそうなると、自衛のために必要な軍事力とは何かが主観的判断に委ねられることになる。軍事力の「相当性」を理由に、国際条約で制限されている核兵器を開発する国家も出てきている。自衛のためと称する戦争も随分行われてきた。「自衛」という言葉の持つ曖昧性や危険性には注意が必要だ。

「専守防衛」

自衛権
国連憲章第51条
「この憲章のいかなる規定も、国際連合加盟国に対して武力攻撃が発生した場合には、安全保障理事会が国際の平和及び安全の維持に必要な措置をとるまでの間、個別的又は集団的自衛の固有の権利を害するものではない」

日本国憲法第9条
「武力による威嚇又は武力の行使は、国際紛争を解決する手段としては、永久にこれを放棄する」

「自衛のための最小限」の防衛力の3要件
- ①自国に対する急迫不正の侵害がある
- ②ほかにこれを排除して国を防衛する手段がない
- ③必要な限度にとどめる

↓

「相当性」の原則
自衛権の下で保有できる防衛力は可変的である（周辺諸国の軍事力増強に合わせる形）。
「自衛」の持つ曖昧性と危険性に注意。

12

政策論

▶ 06 「必要最小限の軍事力」
「攻撃的」か「防御的」か
という議論

「必要最小限の軍事力」を判断する一つの基準は、防御のための兵器かどうかである。政府説明は次の通りである。

「その具体的な限度は、その時々の国際情勢、軍事技術の水準その他の諸条件により変わり得る相対的な面があり、毎年度の予算などの審議を通じて国民の代表者である国会において判断される。［中略］個々の兵器のうちでも、性能上専ら相手国国土の壊滅的な破壊のためにのみ用いられる、いわゆる**攻撃的兵器**を保有することは、直ちに自衛のための必要最小限度の範囲を超えることとなるため、いかなる場合にも許されない」（防衛省ウェブサイトより）

「自衛」とはあくまで攻撃ではなくて防御であって、「攻撃された時に自分を守る」という意味での防御が自衛だとすれば、自衛権の範囲内で保有できるのは、あくまで**「防御的な兵器」**であるはず。ただ、「攻撃的」か「防御的」かの境界線は必ずしも明確ではない。「攻撃的な兵器」に該当する兵器としては、大陸間弾道ミサイル（ICBM）、長距離戦略爆撃機、攻撃型航空母艦が挙げられる。

「攻撃的」か「防御的」かという議論には主観が付きまとう。**ヘリコプター搭載護衛艦「いずも」**を改修して最新鋭ステルス戦闘機F35B が離着艦できるようにすればどうだろう。防衛大臣は、「常時戦闘機を運用するのではなく、多用途な護衛艦として使っていく」「他国に脅威や不安を与えるものにはならない」と説明した。しかし、「攻撃的」か「防御的」かの解釈は、軍備の主体（保有国）と客体（攻撃対象となり得る国家）との間で違ってくることが珍しくない。

自衛のための「必要最小限の軍事力」

〈〈自衛のための兵器とは?〉〉
自衛=攻撃された時の防御

↓

| 防御的な兵器 | に限られる! |

攻撃的兵器 の保有は許されない

・ICBM
・長距離戦略爆撃機
・攻撃型航空母艦

・ヘリコプター搭載護衛艦「いずも」を改修し、ステルス
戦闘機F35Bが離着艦できるようにすればどうか?

防衛大臣「多用途な護衛艦として使っていく」

↓

**「攻撃的」か「防御的」かはその軍備の保有国と攻
撃対象となり得る国の間で異なり得る**

(「いずも」 海上自衛隊ホームページより)

▶ 07　安全保障のジレンマ

脅威を生む
意思と能力

　ある国が自国の防衛のために軍事力を強化すると、その周辺国は
これを脅威と捉え、軍事力増強を図る。その結果、実際には双方と
も軍事的衝突を望んでいないにも拘らず、衝突につながるほどの緊
張を生み出してしまう。これが**「安全保障のジレンマ」**だ。そこに
は、恐怖や不安を生み出す、「脅威」認識がある。

　脅威は能力と意思によって生まれる。米国は圧倒的な軍事大国だ
が、米国の攻撃を恐れる日本人はまずいない。そこには、日本を同
盟国としている**米国の「意思」**が存在し、日本はその意思が堅固で
あると感じているので脅威を感じない。北朝鮮は、韓国との軍事境
界線沿いに長距離砲やロケット砲を多数配備して、「ソウルを火の
海にする」と威嚇する。そこには、能力と意思の双方を伴う脅威が
存在する。

　戦後の日本は平和憲法の下で専守防衛に徹し、非核三原則や防衛
費のGDP１％枠などによって能力と意思を示してきた。一方、「平
和発展」を口にする中国はどうだろう。国防予算は長らく２桁成長
が続き、軍備拡張や海洋進出も顕著だ。**意思と能力が乖離し、周辺
国の脅威感が高まる。**中国の報道官は「ある国が他国にとって脅威
になるか否かにおいて非常に重要なのは、その国の外交・国際政策
を見ることであり、国防費がどれだけ増加したかではない。中国は
一貫して平和的発展の道を歩み、防御的国防政策を実行している」
と述べるが、不確実で透明性を欠く「意思」よりも増大する「能力」
に注意を払わざるを得ない。

安全保障上の各国の意思と能力

日本の意思と能力
・平和憲法
・専守防衛
・非核三原則
・防衛費はGDPの1%枠

米国の意思と能力
・圧倒的な軍事力を有する大国
・日米は同盟で結ばれている

北朝鮮の意思と能力
・軍事境界線沿いに長距離砲やロケット砲を配備
・米国本土に到達するICBMの発射に成功
・「ソウルを火の海にする」「ニューヨークを火の海にする」

中国の意思と能力
・平和的発展・防御的国防政策

↕

国防予算増大・
軍備拡張・海洋進出

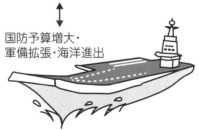

国際政治では、不確実な「意思」より「能力」が重要

12

政策論

▶ 08　同盟のジレンマ

日米同盟の
信頼性維持の努力

　同盟には、**「巻き込まれる恐怖」**と**「見捨てられる恐怖」**という2つの相反する恐怖が存在する。「巻き込まれ」を懸念し過ぎれば「見捨てられ」のリスクが高まるし、逆もまた真である。

　このジレンマは非対称な日米同盟に付きまとってきた。「巻き込まれ」への手当は、①日米安保条約第5条の規定振り（「自国の憲法上の手続きに従って」）、②域外戦闘行動への在日米軍参加には日本政府との事前協議が必要、に窺（うかが）われる。憲法9条や非核三原則にもそうした効果が期待された。

　「見捨てられ」懸念への手当は、①**「思いやり予算」**、②**集団的自衛権**などによってなされてきた。「日本が攻撃されたら米国は日本のために戦わなければならないが、米国が攻撃されても日本は戦わない」という米国内の「安保ただ乗り」批判が消えることはないだろう。日本は1978年以降、米軍駐留経費の一部を「思いやり予算」として負担してきた（その割合は米国の同盟国の中で突出して高い）が、米側からの増額要求は続く。

　同盟は、深い信頼によって支えられる。危機に際して、「巻き込まれ」や「見捨てられ」の懸念が高まれば、同盟は揺らぐ。**Ａ＝Ｂ同盟の信頼低下はＡ＝Ｃ同盟にも伝播する**（「同盟の相互主義」）。対立する国家はこの陥穽（かんせい）を突いて同盟に楔（くさび）を打ち込もうとする。同盟には、相互の信頼を確固とする平時の確認努力（首脳会談や共同軍事演習など）が不可欠となる。

日米同盟

(見捨てられる恐怖)		(巻き込まれる恐怖)
対策	・思いやり予算 ・集団的自衛権	・自国憲法上の手続きに従う ・在日米軍の域外戦闘行動参加には政府との事前協議が必要

↓

安保ただ乗り批判を抑制

→**憲法9条や非核三原則の効果にも期待**

〈〈同盟の相互主義〉〉

A

同盟 ‖ ‖ 同盟

B   C

A=B同盟の信頼低下は、A=C同盟に伝播。同盟の維持には、相互の信頼を確固とする首脳会談や共同軍事演習など平時の確認努力が必要

(日米共同演習 海上自衛隊
ホームページより)

▶ 09　集団的自衛権

憲法9条の解釈変更と平和安全法制

　集団的自衛権とは、国際法上、一般に、自国と密接な関係にある外国に対する武力攻撃を自国が直接攻撃されていない場合でも、実力をもって阻止する権利である。国連憲章第51条は、**集団的自衛権を「固有の権利」として認めて**おり、安保理が必要な措置を取るまでの間、行使できると規定している。

　しかし、日本政府は、国際法上の権利として有しているが、その行使は憲法上許されないとの立場を取ってきた。これに対し、米国では、アーミテージ・ナイ報告書に見られるように、同盟への制約・障害であるとの認識が示されてきた。第二次安倍政権では、それまでの憲法解釈が変更され、条件付きで限定的な集団的自衛権が容認された。2015年に成立した「平和安全法制」の一つである**「重要影響事態安全確保法」**では、「そのまま放置すれば我が国に対する直接の武力攻撃に至るおそれのある事態等我が国の平和及び安全に重要な影響を与える事態（「重要影響事態」）」に際し、米国の軍隊等に対して、後方支援活動、捜索救助活動、船舶検査活動を行うことが可能となった。

　なお、集団的自衛権をめぐってよく引用されるのが1959年の**最高裁「砂川事件」判決**である。判決は、自衛権を「国家固有の権能の行使として当然のこと」としつつ、集団的自衛権と個別的自衛権とを区別して論じていない。この論理的な帰結として、集団的自衛権行使は禁じられていないとの解釈が主張され得るのである。

30 秒でわかる! ポイント

集団的自衛権

↓

自国と密接な関係にある他国が武力攻撃を受けた場合に、自国が直接攻撃されていない場合でも、自国の安全を危うくするものと認めて、実力をもって阻止する権利

↓

国連憲章51条は「固有の権利」として認めている

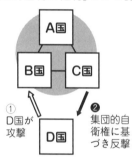

A国

B国 ─ C国

① D国が攻撃

❷ 集団的自衛権に基づき反撃

D国

日本は国際法上の権利を有しているが、行使は憲法上許されないとの立場

↓

「アーミテージ・ナイ報告書」：同盟への制約・障害

第二次安倍政権、憲法解釈を変更：条件付きで限定的な集団的自衛権を容認

↓

2015年の「平和安全法制」の一つである「重要影響事態安全確保法」で、合衆国軍隊等に対する後方支援活動、捜索救助活動、船舶検査活動が可能となった

10 hour
International
Politics

13

▶ 01 軍縮と核不拡散条約

核兵器を
めぐる問題

信頼醸成と
世界的取り組み

1990年代に米ソ / 米ロの間で進展した軍縮の取り組みの一つである**「戦略兵器削減交渉（START）」**の背景には、冷戦終結によって両国関係が大きく改善し、信頼関係が醸成されたことがある。軍縮は「能力」についての取り組みであり、不信感や恐怖を和らげ、信頼関係を築くという「意思」についての取り組みでもある。

しかし、米ロ間で核軍縮が進展しても、中国が核戦力を増強し、北朝鮮やイランが核開発を進めれば、核の拡散は進み、世界は不安定化する。2019年に失効した中距離核戦力（INF）全廃条約に縛られていたのは米ロだけだ。この間、中国は中距離ミサイル戦力の拡充を続け、それが米軍への接近阻止・領域拒否（A2 / AD）能力の中核となった。中国の弾道・巡航ミサイルの脅威を減ずるためには、中国も含む新たな枠組みが必要である。しかし、中国に賛成する気配はなく、米国は第一列島線上への中距離ミサイル配備で対抗しようとする。

世界的な核不拡散の取り組みとしては、**「核兵器不拡散条約（NPT）」**がある。現在、この条約の下で核兵器の保有が認められている国は米国、ロシア、中国、イギリス、フランスの5カ国のみである。インドやパキスタンは、**この5カ国だけに特権的な地位を認めるのはおかしい**、と批判する。この2国はNPT不参加の核兵器保有国である。また、かつてNPT加盟国だった北朝鮮は1993年に一方的にNPTからの脱退を発表した。NPT体制の限界である。

核軍縮・不拡散の取り組み

①大国間の核軍縮

**戦略兵器削減交渉
(START)**

↓

冷戦終結により米ソ(ロ)関係が改善し核軍縮が進展

↓

中距離核戦力(INF)全廃条約は失効(2019年)

↓

**なぜなら、条約当事国でない中国が
中距離ミサイル戦力を拡充**

↓

中国も含めた新たな枠組みが必要

↓

中国は賛成せず

↓

米国は第一列島線上への
中距離ミサイル配備へ

②世界的不拡散努力

核兵器不拡散条約(NPT)

核兵器の保有が認められている国は米国、ロシア、中国、
イギリス、フランス
インドやパキスタンはNPT不参加の核兵器保有国
北朝鮮は1993年に一方的にNPTから脱退

▶ 02　核の連鎖と「核の傘」

「核兵器のない世界」を目指す日本と核兵器禁止条約

　NPT体制の下では、核保有を認められた5カ国とそれ以外の国との間で「核の威嚇や攻撃はしない」という拘束力ある合意でもない限り、核開発を進め、核不拡散体制を揺るがす国が出てくる。インドは、国境紛争を抱える中国が核保有国となったことでNPTに違反しても核兵器が必要だと考えた。インドが核兵器を持つと、今度はインドと領土紛争を抱える**パキスタンが核保有**に走った。

　これが**「核の連鎖」**である。イランが核兵器を持てば、イランと対立するサウジアラビアやトルコが核保有に動き、イスラエルも核戦力を強化するだろう。北朝鮮が事実上の核保有国となり、米国で「デカップリング」（13-04参照）の議論が高まれば、韓国、さらには日本や台湾において、核兵器を保有すべきという声が高まりかねない。「早い者勝ち」的な不平等・不完全なNPT体制を維持するためには、**核保有を認められた国家の核軍縮努力が不可欠**である。

　日本は唯一の被爆国として「核兵器のない世界」を目指して、毎年国連総会で核廃絶決議を提出・採択してきた。一方で、ノーベル平和賞を受賞した**「核兵器廃絶国際キャンペーン（ICAN）」**が推進した核兵器禁止条約には、賛成でも棄権でもなく、反対票を投じた（2017年。NPT上の5核兵器国は反対し、その他の核兵器保有国は不参加）。日本の立場は、核兵器の即時全廃が非現実的である以上、米国の拡大核抑止は必要というもの。核兵器廃絶という目標を共有しつつ、漸進的取り組みを続けていくしかない。

核の連鎖とは

朝鮮戦争で米国より核の威嚇を受けた
中国が核兵器を開発・保有

↓

中国と国境紛争を抱えるインドが核兵器保有

↓

インドと領土紛争を抱えるパキスタンが核兵器保有

※イランの核合意や北朝鮮の非核化交渉の行方次第では、中東や東アジアでも核の連鎖が起きる可能性あり。

日本の立場

唯一の被爆国として「核兵器のない世界」を目指す。
同時に、核兵器の即時全廃は非現実的

↓

米国の拡大核抑止は必要!

↓

核兵器禁止条約に反対票(2017年)

核兵器廃絶国際キャンペーンのシンボルマーク

▶ 03　核軍縮と「ゲームの罠」

核放棄を 難しくさせる 「囚人のジレンマ」

　核保有国に核兵器を放棄させることは至難の業だ。なぜなら、**アダム・スミス**（1723－1790）が述べたように、人間には先を予見する能力があるからだ。そして、国際社会は「正直者が馬鹿を見る」経験則に満ちている。金正恩委員長から見れば、リビアのカダフィ大佐は大量破壊兵器の廃棄に応じた結果打倒された。銃を捨てたとたんに、ズドンとやられると予見するのだ。

　このことを説明する理論が、**「囚人のジレンマ」**と呼ばれる「ゲームの罠」である。右ページの図で説明しよう。

　同じ組織の2人のギャングが別々の容疑で逮捕され、別々の独房に入れられている。警察に2人を重罪にするだけの十分な証拠はなく、軽い罪でともに「2年の禁錮刑」に処することしかできない。そこで、警察は2人の囚人に、もし相手を重罪にできる証言をするなら釈放する（相手は「10年の禁錮刑」）というファウスト的取引きを持ちかける。それに応じて、2人が共に証言すれば、2人とも重罪を犯したことになり、10年の禁錮刑を言い渡されるはずだが、証言したことによって、「情状（証言）酌量」されて5年の刑に落ち着くと設定しよう。

　最善の選択は、**双方黙秘**だが、釈放を持ちかけられた相手が白状すれば、自分は最悪の結果に陥ると予見するのが人間である。こうして、2人が自分の利益だけを追求すれば、双方にとって得な「互いに黙秘」ではなく、**「互いに自白」**という結果が生まれる。これが「ジレンマ」と言われるゆえんだ。

「人間には先を予見する能力がある」
互いに銃を捨てれば助かるとわかっていても、相手が捨てなければ自分が捨てたとたんにズドンと撃たれる事態を予見してしまう。

アダム・スミス
(1723－1790)

〈囚人のジレンマ〉

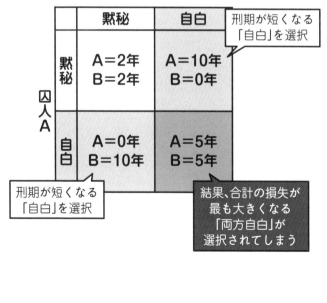

囚人B

		黙秘	自白
囚人A	黙秘	A＝2年 B＝2年	A＝10年 B＝0年
	自白	A＝0年 B＝10年	A＝5年 B＝5年

刑期が短くなる「自白」を選択

刑期が短くなる「自白」を選択

結果、合計の損失が最も大きくなる「両方自白」が選択されてしまう

13

核兵器をめぐる問題

▶ 04　日米「デカップリング」の危険

北朝鮮の意思と能力

　北朝鮮の核・ミサイル開発に対し、米国は**「拡大核抑止」**、つまり自国に限らず同盟国が攻撃を受けた場合にも反撃する、として同盟国への攻撃を思いとどまらせる政策を取ってきた。しかし、2017年末、北朝鮮は米国本土に届く ICBM（大陸間弾道ミサイル）の発射実験に成功し、米国の拡大核抑止に不確実性が生まれる余地が生じた。

　第一に、日本が北朝鮮に攻撃されても米国は（北朝鮮からの報復核攻撃を恐れて）北朝鮮への核攻撃を思いとどまるかもしれないとの不安である。この不安は**「核の傘」への信頼感の低下**につながる。

　第二に、北朝鮮が ICBM を実戦配備すれば米国の先制攻撃が現実味を帯びるとの懸念である。米軍基地のある日本も**対岸の火事ではすまなくなる**。米朝が ICBM 廃棄だけのミサイル合意（日本に届く短中距離弾道ミサイルは除外）をすることへの心配もある。

　いずれの不安や懸念もニューヨークを犠牲にしてまで東京を守るだろうかとの疑心暗鬼が同盟に亀裂を生む「デカップリング」を意味する。しかし、2018年になると、北朝鮮の金正恩委員長は核・ミサイル実験を停止し、米国に対話を呼びかけた。米朝首脳会談が実現し、朝鮮半島情勢は緊張から対話の局面に転換した。

　このように、**「意思」は一夜で変わる**し、隠蔽や欺瞞も可能だ。北朝鮮の非核化も、言葉ではなく行動によって評価すべきだ。米朝首脳の共同声明（2018年6月）は、「朝鮮半島の完全非核化」を明記したが、その後の北朝鮮の行動を見る限り、その意思は不確実だ。

北朝鮮が引き起こす日米関係の危機

Ⅰ．北朝鮮の能力の変化

2017年末、北朝鮮は米国本土に届くICBMの発射実験に成功

| ケース①の不安 | ケース②の懸念 |

ケース①の不安

日本が攻撃されても米国は北朝鮮への核攻撃を思いとどまるかもしれない（「核の傘」への信頼感低下）

ケース②の懸念

北朝鮮がICBMを実戦配備すれば、米国が先制攻撃する可能性が高まる

ケース③の心配

米朝間でICBM廃棄だけの取引きがなされ、日本に届く短中距離ミサイルは除外される

↓

「見捨てられ」「巻き込まれ」への不安や恐れ
日米同盟の「デカップリング」

Ⅱ．北朝鮮の意志の変化

朝鮮半島の完全非核化で合意（2018年6月）
しかし、「意思」は不確実
（一夜で変わるし、隠蔽や欺瞞も可能）

▶ 05　日本の自主防衛システム

弾道ミサイル防衛（BMD）システム

　弾道ミサイルの飛翔経路は、大きく分けて、①ブースト段階、②ミッドコース段階、③ターミナル段階、からなる。各段階に適した防衛システムを構築し、それを組み合わせることによって、日本に着弾するという最悪のケースは防ぐことができる。

　しかし、こうした**弾道ミサイル防衛（BMD）システム**は完璧ではない。仮に北朝鮮が弾道ミサイルを同時多発で発射すれば、すべてを打ち落とすことは困難だ。また、弾道ミサイルは高く上昇してから落下するため、超高速となるターミナル段階でのPAC3による迎撃も技術的に難しい。従って、ミッドコース段階でのイージス艦による迎撃や、ブースト段階での巡航ミサイルによる迎撃がより確実で容易だ。ミサイルが静止している発射直前ならさらに容易になる。**「敵基地攻撃」論**が出ている理由の一つである。そのための長距離巡航ミサイルは、中国が配備している1000基以上の弾道ミサイルや長距離巡航ミサイルに備える上でも有効だ。

　日本政府は、一度はイージス・アショア（上記イージス艦によるミサイル防衛の陸上配備）導入に動いたが、配備予定の地元の反対や技術的問題もあり、断念した。

　一方、中国が飛行実験に成功した極超音速飛翔体はマッハ6の速度で飛んでくるため、**現在のミサイル防衛では迎撃が不可能**だ。攻撃と防御の双方で技術開発競争が激しくなる中で、予算の制約も踏まえつつ、米国の「核の傘」に加えて、いかなる自主防衛システムを整備するのか、課題は少なくない。

弾道ミサイル防衛(BMD)システムは完璧ではない

①北朝鮮が弾道ミサイルを同時多発で発射
　→すべて撃ち落とせない

②マッハ6の極超音速ミサイル(中国)は迎撃不可能

ミッドコース段階
ロケットエンジンの操縦が終了し、惰性運転によって宇宙空間(大気圏外)を飛行している段階

ブースト段階
発射後、ロケットエンジンが燃焼し、加速している段階

ターミナル段階
大気圏に再突入して着弾するまでの段階

探知・識別・追尾

弾道ミサイル

航空自衛隊
パトリオット
PAC3

航空自衛隊
警戒管制レーダー
(FPS-5、FPS-3改)

長距離
巡行ミサイル

「敵基地
攻撃」論

海上自衛隊
イージス艦

BMD統合任務部隊指揮官
航空総隊司令官

自動警戒
管制システム
(JADGE)

13

核兵器をめぐる問題

「安全」が「自由」を
圧倒する時代

　9.11同時多発テロ後、米国では、法執行機関の権限が適用される行為の範囲を大幅に拡大した「愛国者法」が制定され、議論を呼んだ。中国は「国家安全法」を制定し、軍事のみならず、政治、経済、文化、教育、インターネット、科学技術等あらゆる分野で安全を強調し、国家統治を強化してきた。日本でも、安全保障法制、国家安全保障戦略、特定秘密保護法、共謀罪等が制定された。中国の国防費増や軍事力増強が続き、米国も核戦力増強や国防予算拡大に転じた。東南アジア諸国の軍事費も増えている。日本も伸び率は小さいが、過去最大の防衛費の計上が続いてきた。軍事力が重視され、「安全保障のジレンマ」という軍拡の連鎖が起きている。米ソのINF（中距離核戦力）撤廃条約失効がそれを暗示する。

　私たちは不確実性が増す時代にいる。自由より安全が、協力より対抗が、正義（法）より力が、包摂より排除が支配する「ホッブズ的アナキー」の世界が色濃くなっている。恐怖と脅威が増大する中で、国家は自由やプライバシーよりも安全を優先する「国家安全保障国家（national security state）」に変貌している。敵は内外の至る所で攻撃の機会をうかがっているとの強迫観念が資源を軍事に集中させている。敵の殲滅のためにはあらゆる手段が正当化されるべきだとのイデオロギーが政治や経済に影響を与え、軍事が国家を壟断する。国家・国民の安全の名の下で、情報は管理され、国民の自由な言論や活動、プライバシーの制約が広がりを見せる。コロナ・パンデミックがその流れを強めた。

国際秩序の
危機

10 hour
International
Politics

14

大国間の
パワー・
シフト

▶ 01　戦争の危機

「トゥキディデスの罠」と米中戦争

　米国の外交史は、**現実主義的な国益外交と理想主義的な価値外交の交錯**である。しかし、イラク戦争や世界金融危機と中国の台頭によって相対的衰退期に入る中で、他国の利益（「同盟国や友好国の安全」）や国際社会の利益（「開かれた国際経済システム」や「法の支配に基づく国際秩序」）を支えることが難しくなりつつある。

　それは、戦争の危機と国際秩序変動という「2つの危機」を意味する。ひとつは、大国間のパワー・シフトの過程で生じる戦争の危機（「トゥキディデスの罠」）である。アリソン教授の研究では、15世紀以降の16の新旧覇権国家関係のうち**12のケースが戦争**となった。戦争に至らなかった4つのケースは、①15世紀後半のポルトガル対スペイン、②20世紀初めの英国対米国、③1940年代から80年代までの米ソの冷戦、④1990年代以降の英仏対独、である。

　米国では、中国への警戒感と強硬論が党派を超えて広がる。米国防総省顧問の**マイケル・ピルズベリー**（1945－）は、著書『China 2049』（2015年）で、建国100周年の2049年までに「中国主導の国際秩序」を構築するのが中国の戦略であり、米国から世界の覇権を奪う「100年マラソン」と警鐘を鳴らした。

　米中関係は、①中国の力の台頭という構造の変化（客観状況）、及び②米国がそれをどう受け止めるかというパーセプションや感情による心理的作用（主観状況）、という2つの要素によって対立を深めている。米中がどうやって罠を避けることができるか、その方法を見出す必要がある。

30秒でわかる! ポイント

戦争と国際秩序変動の危機①

トゥキディデスの罠

大国間の戦争危機

グレアム・アリソン(1940-)ハーバード大学教授)の研究
15世紀以降、16の新旧パワーシフト
そのうち12のケースが戦争となった

↓

〈戦争に至らなかったケース〉

15世紀後半、ポルトガル**vs**スペイン

20世紀初め、英国**vs**米国

1940年代-80年代、米ソ冷戦

1990年代以降、英仏**vs**独

↓

現在の米国vs中国は?
①中国の力の台頭という構造の変化(客観状況)
②米国がそれをどう受け止めるか(主観状況)

**対立・競争が深まる……米国では、「戦略的競争」や
「競争的共存」が論じられる**

14

大国間のパワー・シフト

10 hour
International
Politics

14

大国間の
パワー・
シフト

▶ 02　中国の台頭と自信

中国外交の変化と「新型国際関係」

　2008年の北京オリンピックや世界金融危機（世界に先駆けて成長回復）を経て、2010年には世界第二の経済大国となり、自信を強めた中国は、鄧小平が残した「韜光養晦（力を蓄え、時を待つ）」から胡錦濤国家主席の「積極有所作為（積極的になすべきことを少しだけなす）」、そして習近平国家主席の**「奮発有為（発奮して何事かなさんとする）」**へと外交の基調を変え、自己主張を強めるようになった。経済力（巨大な市場や非対称相互依存）を武器に影響力を強めるが、ナショナリズムと「強国強軍」路線は周辺国や米国との摩擦を増大させる。「社会主義市場経済」の下で、国家が国有企業の研究開発や海外進出を強力に支援。**「中国製造2025」**（※）に象徴される「国家資本主義」を警戒する米国は、先端技術の対中規制と分断（「デカップリング」）に動く。

　人民解放軍の鼻息も荒い。2007年には、**「太平洋二分割支配」**提案を行い、米軍幹部を驚かせた。習国家主席は、主権や政治制度や核心利益の相互尊重に加え、「広大な太平洋は米中両国を受け入れる十分な大きさがある」との**「新型大国関係」**を提唱した（2014年）。米国が同意するはずもなかったが、中国の自信の大きさが窺われた。そして、今掲げられるのが協力とウィンウィン関係を核心とする**「新型国際関係」**であり、「一帯一路」を推進し、「人類運命共同体」を提唱する。

（※）2025年までにロボット、AI（人工知能）、自動運転、航空機などのハイテク分野で米国に追いつくための産業政策。米国の批判を受けて、この言葉の使用を控え、「スマート製造」や「産業インターネット」といった呼称を使う。

中国外交基調の変化

鄧小平：「韜光養晦（力を蓄え、時を待つ）」

↓

胡錦濤：「積極有所作為（積極的になすべきことを
少しだけなす）」

↓

習近平：「奮発有為（発奮して何事かなさんとする）」

中国の自信を表す映画「すごいぞ、我が国は」(2018年)

「新型大国関係」の提唱
「太平洋は米中両国を受け入れる十分な大きさがある」

↓

「新型国際関係」（協力とウィン・ウィン）

その一方で、「強国強軍」路線で周辺国や米国と摩擦増大
「中国製造2025」(2025年までにロボット、AI、
自動運転、航空機などハイテク分野で米国に並ぶ)

↓

米国は先端技術の規制と切り離し（デカップリング）に動く

14

大国間のパワー・シフト

10 hour
International
Politics

14

大国間の
パワー・
シフト

▶ 03　リベラル秩序瓦解の危機

大国の興亡と
権威主義の台頭

　パワー・バランスの変化による第二の危機は、「自由で開かれた、法の支配に基づく国際秩序」瓦解の危機である。

　「普遍的価値に基づく国際秩序」（日本の国家安全保障戦略）という表現もされるが、中国のような権威主義国家も存在しており、冒頭の表現が適切であろう。このリベラルな秩序は、第一に、**国際司法裁判所（ICJ）**などの国連機関を中心とする国際機関や国連海洋法条約（UNCLOS）などの国際的なルールや規範（「法の支配」）、第二に、国際通貨基金（IMF）・世銀を柱とする国際金融体制と**WTO（世界貿易機関）**や**TPP**などの**多国間貿易取決め**（「自由で開かれた国際経済システム」）からなる。

　国際秩序は、パワーの体系であり、利益や価値の体系でもある。体系の中心にいる支配的大国の興亡が国際秩序の変遷を生んだ。**ポール・ケネディ**（1945-）は主著『**大国の興亡**』で、軍事費などの負担増による覇権国の衰退と、相対的な経済力と軍事力の変遷の間の時間的ずれを明らかにした。

　米国の経済力の相対的衰退が軍事力の相対的衰退を暗示する中で、ロシアや中国が力による現状変更と新たな秩序構築に動く。欧米諸国では「反移民」や「保護主義」が勢いを増す。「力」対「法」、「ナショナリズム」対「グローバリズム」、「（社会の）秩序や（国家の）安全」対「（個人の）自由」など、相反する要素がせめぎ合う中で、権威主義が勢いを増し、民主主義が迷走し、国際秩序が崩れ始めている。民主政治の劣化にコロナが拍車をかける。

30秒でわかる! ポイント

戦争と国際秩序変動の危機②

「自由で開かれた、法の支配に基づく国際秩序」の危機

このリベラルな秩序とは?

① 「法の支配」

国連機関を中心とする国際機関
　例. 国際司法裁判所(ICJ)
国際的なルールや規範
　例. 国連海洋法条約(UNCLOS)

② 「自由で開かれた国際経済システム」

国際金融体制
　例. 世界銀行やIMF
多国間貿易取決め
　例. 世界貿易機関(WTO)やTPP

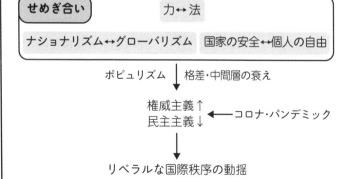

ロシアや中国の力による現状変更の動き↑　反移民↑　保護主義↑

せめぎ合い　　　　力↔法

ナショナリズム↔グローバリズム　国家の安全↔個人の自由

ポピュリズム　格差・中間層の衰え

権威主義↑
民主主義↓　←コロナ・パンデミック

リベラルな国際秩序の動揺

10 hour
International
Politics
14

大国間の
パワー・
シフト

▶ 04　米中モデルの弱点

権威主義中国の矛盾と民主主義米国の分断

　目覚ましい経済成長を遂げてきた中国だが、腐敗、格差、環境汚染などの問題は依然深刻で経済成長も鈍化する。習近平政権は安定維持のための共産党統治を徹底すべく、言論・思想の統制を強め、**デジタル監視社会の建設**に向かう。

　そんな政権が「全人類の共同価値」と称する「平和、発展、公平、正義、民主、自由」は中国の特色ある社会主義概念だ。**「中華民族の偉大な復興」**のために「強国強軍」に突き進む一方で、「平和発展」や「人類運命共同体」を唱えてみても、それはプロパガンダの域を出ない。「公平」や「正義」は所得格差と党幹部の権力濫用や腐敗にかき消される。民主集中制の下での党の指導やその手段としての「法による支配」は日本や欧米の政治概念と異なる。中国の国内秩序とリベラルな国際秩序が緊張をはらむ。

　一方、米国社会は社会の分断が深刻だ。21世紀に入って、低中層の所得が伸びず、所得格差が広がった。人口3.3億人の国家で、（非正規の）時給労働者が8000万人に達し、**2800万人が医療保険に加入していない**。国の将来を支える若者たちは大学進学で多額の借金（4400万人以上が総額1兆5600億ドルのローン）を抱える。また、銃が絡む事件で毎年1万人以上が命を落とす。自由や民主主義といった「普遍的価値」を広げるために人道介入や内政干渉も行ってきたが、国内の人種問題は深刻で、罪刑プロセスが歪められ、抗議デモや暴動が多発する。中国は、米国の銃社会や黒人差別などを取り上げて、米国のガバナンスを批判的に喧伝する。

権威主義vs民主主義

中国が抱える問題

権力濫用と汚職・腐敗　所得格差　環境汚染
経済成長の鈍化　民族・宗教問題

↓

党の指導・党中央への忠誠強化、言論・思想の締め付け、
法による支配、デジタル監視社会の建設

米国が抱える問題

低中層の所得が伸びない　所得格差
2800万人が医療保険未加入
大学進学で多額の借金　銃社会と治安問題
人種差別への抗議デモや暴動
白人ブルーワーカーの不満

↓

社会の分断を緩和できるか？
民主主義を立て直せるか？

↓

中国は米国社会の問題を喧伝
「中国はコロナ危機のみならず、2008年の金融危機など
でも強さを見せてきた。それは中国のシステムの優越を
示す」(2020年10月13日「環球時報」社説)

平和を脅かす
問題

▶ 01　香港問題

「一国」に圧倒される「二制度」

　1997年7月1日、香港は、鄧小平が台湾統一のために提唱した**「一国二制度」**の下で「高度な自治」を持つ中国の特別行政区（SAR）となった。1984年の中英共同声明を踏まえた「SAR 基本法」では、行政長官及び立法議会議員は普通選挙による選出を最終目標とすると規定された。

　しかし、「一国二制度」は「一国」が「二制度」を圧倒する形で推移した。「独立」の声も出た「雨傘運動」が起きた2014年、「一国二制度」白書が発表され、①**「二制度」の「一国」への従属、**②**愛国者による「港人治港」、**③**中央が授権した範囲に限定される「高度な自治」**が強調された。2017年の返還20周年では、習近平国家主席が、国家の主権と安全を害する活動や中央権力に挑戦する活動は絶対に認めないと警告した。2019年、「逃亡犯条例」反対デモの中で行われた区議会選挙で親中派が大敗。中国政府は、SAR が立法に失敗したとして、2020年6月、**「香港国家安全維持法」**を制定・施行した。主権を損ねる「（西側の）民主化」と「（米国による）国際化」は断固阻止するとの姿勢を強めた。

　改革と開放による中国本土の経済成長は香港経済の比重（GDP比）を1/4から1/37に低下させ、「金の卵を産むガチョウ」の立場は弱まった。しかし、政治的統制の強化が経済の自由度を奪えば、法の支配・透明性・クリーンな官僚・（米国への）アクセスなどでアジアの金融センターとして繁栄してきた**香港のビジネス信頼度は低下**し、上海や深圳と変わらない都市となるとの懸念も漂う。

30秒でわかる! ポイント

SAR基本法

①「SARは社会主義の制度と政策を実施せず、従来の資本主義制度と生活様式を保持」「50年間変えない」
②「基本法に従い高度な自治を実施」「独立した司法権と終審権を有する」(「中央政府は外交と国防に責任を有する」)
③「SARは、国家への反逆、国家分裂、動乱扇動、中央人民政府転覆、国家機密窃取、海外の政治的組織との連携を禁じる法律を作らなければならない」
④「最終的には、行政長官及びすべての議員が普通選挙で選ばれることを目標」
⑤「本法の解釈権は全人代常務委に属する」「全国的法律を実施しない」但し、外交・国防・その他SAR自治の範囲に属さない法律〔本法付属〕を除く。(注)付属追加には、SARへの「征詢」(意見聴取)が必要だが、「香港国家安全維持法」は全人代常務委で可決後、直ちに公布された。

香港国家安全維持法

①取り締まり対象となる犯罪行為は、「国家統一を破壊する行為(国家分裂罪)」「国家を転覆する行為」「テロ活動」「外国、海外勢力との結託」。その定義は曖昧で、広く解釈される余地がある。テロ活動以外の行為については、「扇動し、協力し、教唆し、金銭又はその他の財物をもって他人を援助」も犯罪とされる。捜査・起訴・裁判は中国本土の手続きによる。
②外国人の違反行為は行為の場所に関わらず(海外も含む)、本法が適用される。
③新たに設けられる「国家安全維持委員会」(業務情報は公開せず、司法のチェックも受けない)と「国家安全維持公署」(人民解放軍と連携)が職責を果たす。電子メール等SNSの閲覧に加えて電話の盗聴も可能。

▶ 02　台湾問題

「一つの中国」と台湾独立

　中国は硬軟両様で統一を目指す。経済による取り込みとともに、台湾独立（「台独」）は武力で阻止する構えも見せてきた。1996年には、基隆・高雄沖へミサイルを発射して台湾総統選に揺さぶりをかけた。米国は2個空母部隊を台湾海峡に派遣するという台湾海峡危機が起きた。中国はその後もミサイル配備や演習などで威嚇を続ける。

　一方、2015年には、**馬英九国民党政権**の下で、史上初の中台首脳会談（シンガポール）が実現した。互いに「先生（Mr.）」と呼んで、建前（「一つの中国」）と現実（事実上は別個の国家）の矛盾を回避しつつ、「92年の共通認識」（中国大陸と台湾は一つの中国に属するとの「一つの中国」原則を確認）を再確認した。しかし、国民党が主張する（「一つの中国の中身は、それぞれが解釈（表明）する」）との文言はなかった。2019年、習近平国家主席は、**「習5項目」**を発表し、台湾統一への強い意欲を表明。その中で、「外部勢力の干渉」と「台独分裂勢力及び分裂活動」への武力行使の放棄は約束しないと強調した。総統選挙で圧勝した**蔡英文（民進党）**は、香港での「一国二制度」は失敗であり、**「受け入れることは絶対にない」**と明言。中国にとって台湾問題は中国の内政であり、中国の核心利益と中国人の民族感情に関係するが、台湾では台湾人アイデンティティが広がり、「一つの中国」という建前論は人々の意識からかけ離れている。香港の混乱は、中国への猜疑と結束を強めることになった。米中対立も絡んで、台湾海峡で緊張が高まる。

中台関係をめぐる動き

● 鄧小平提案（「鄧六点」1983年）
「国共両党の平等な対話」「台湾の司法権独立、軍隊保有の容認」「台湾当局の人事権の独立」

● 李登輝（1988－2000）：「台湾と中国は特殊な国と国の関係」（二国論）　→1995－1996　台湾海峡危機

● 陳水扁（2000－08）：「一辺一国」（別の国）→2005年中国「反国家分裂法」（台湾独立に「非平和的手段」

● 馬英九（2008－16）：2008年中台定期直航便就航、大陸住民の台湾観光・三通解禁→2015年中台首脳会談

● 蔡英文（2016－）：「一国二制度」を「受け入れることは絶対にない」　→2018年米国「台湾旅行法」（米・台湾高官の相互訪問・会談を促す）　2019年米国「台北法」（台湾の国際的地位の向上を支援するよう政府に求める）→2019　中国「習5項目」（武力行使放棄は約束しない）

- -

● 日中共同声明（1972年）：台湾が中国の領土の不可分の一部分であるとの中国の主張を日本が「理解し、尊重」する（米国は「認識（acknowledgement）」と表現）

● 台湾関係法（1979年）：法律・条約関係は変わらない、防御的性格の兵器を供与　台湾への武力行使に対し適切な行動を取る→2020年F16戦闘機66機など売却

▶ 03　南シナ海問題1

南シナ海の
領有権問題

　南シナ海は、**世界有数の海上交通の要衝**であり、漁業資源に恵まれ、海底には豊かな石油・ガス資源の存在が有望視される。西沙諸島と南沙諸島を中心に700以上の島、岩、砂洲、環礁が存在するが、その多くはそのままでは満潮時に水没するか、或いは、低潮時でも水面下にあり、国連海洋法条約に言う「島」ではなく、排他的経済水域や大陸棚を持つこともない。

　中国、台湾、ベトナム、フィリピン、マレーシア、ブルネイは、これらの地形の全部または一部に対して、領有権を主張し、対立してきた。中国とベトナムやフィリピンとの間では軍事衝突も起きた。中国は**「九段線」**なる独自の主張により南シナ海のほぼ全域を自国の主権が及ぶ海域と位置付けるが、ハーグの常設仲裁裁判所はこうした中国の主張を退ける裁定を下した。しかし、中国は裁定を拒絶し、西沙諸島や南沙諸島などで埋め立てや人工島建設を推し進め、ミサイル配備など軍事化にも動いた。これに対し、米国は中国の人工島周辺海域に海軍艦船を航行させる**「航行の自由作戦」**を展開する。南シナ海は米中間の力のせめぎ合いを映し出す最前線となった。

　日本にとって南シナ海は中東からの石油の輸入をはじめとする**海上貿易の重要なシーレーン**であり、航行の自由と安全が失われれば、国家・国民の生存と繁栄という国益は危殆に瀕する。日本は領有権を主張する当事者ではないが、国益や国際秩序に関わる問題であり、国際法や仲裁裁判の遵守という「法の支配」を強く主張している。（11-09参照）

「法の支配」が揺れる南シナ海

| 南シナ海の重要性 | 海上交通の要衝 | 漁業資源 |

豊かな石油・ガス資源

↓

南シナ海に散在する地形の多くは国連海洋法条約に言うところの「島」ではなく、排他的経済水域や大陸棚を持たない

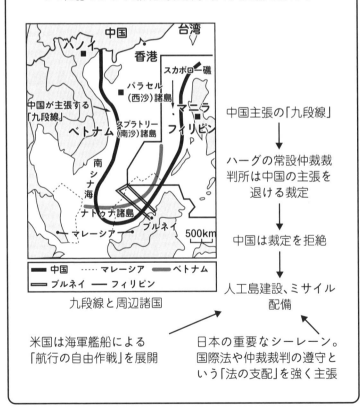

九段線と周辺諸国

中国主張の「九段線」

↓

ハーグの常設仲裁裁判所は中国の主張を退ける裁定

↓

中国は裁定を拒絶

↓

人工島建設、ミサイル配備

米国は海軍艦船による「航行の自由作戦」を展開

日本の重要なシーレーン。国際法や仲裁裁判の遵守という「法の支配」を強く主張

15

平和を脅かす問題

187

▶ 04 南シナ海問題2

中国の「サラミ戦術」
と「人工島化」
「軍事化」

　南シナ海における中国のプレゼンスの増大は力の空白を埋める形で進んできた。日本の軍事プレゼンスが敗戦によって失われ、植民地に戻ってきたフランスもベトナムとの戦争に敗れて撤退すると、中国は**西沙（パラセル）諸島**の半分を占拠した。

　1973年に南ベトナムを支援していた米国がパリ和平協定によりベトナム戦争から手を引くと、中国は翌1974年に南ベトナム軍を駆逐して、西沙諸島全島を占領した。1980年代に、駐越ソ連軍が削減されると、中国は南沙諸島に進出し、1988年にはジョンソン南礁周辺海域の戦いでベトナム海軍に大損害を与えて、同礁など6礁を獲得した。冷戦後、比上院の反対で使用延長が認められなかったスービック海軍基地から米軍が引き上げると、1995年、フィリピンのパラワン島に近い**ミスチーフ環礁**が中国軍に占拠され、その「人工島」化が進んだ。2012年に**スカボロー礁**、2013年には**ルコニア礁**を、フィリピンの領有権を無視する形で一方的に占拠して実効支配下に置いた。2014年からは南沙諸島をはじめ実効支配する岩礁やサンゴ礁での人工島建設を始め、滑走路や港湾などインフラを整備し、ミサイルを配備するなど軍事化した。

　中国の南シナ海でのこうした行動は**「サラミ戦術」**と表現される。それは、サラミをスライスするように、利害関係国、とりわけ、米国の強い物理的反撃を招くようなレベルの措置は控え、その限度以下の**低強度の措置を段階的に取る**ことによって、戦わずして現状変更とその既成事実化を図ることを意味する。

30秒でわかる！ ポイント

南シナ海における中国のサラミ戦術

第二次世界大戦後、西沙（パラセル）諸島の半分を占拠
　（1973年　パリ和平協定によりベトナムから米軍撤退）
1974年　南ベトナム軍を駆逐して、西沙諸島全島を占領
　（1980年代、駐越ソ連軍削減）
1988年　ジョンソン南礁周辺海域の戦いでベトナム海
　　　　　軍に大損害→6礁獲得

　（冷戦後、スービック海軍基地から米軍が引き上げ）
1995年　フィリピンに近いミスチーフ環礁を占拠
　　　　　→「人工島」化
2012年　スカボロー礁占拠
2013年　ルコニア礁を占拠
2014年　岩礁やサンゴ礁での人工島建設→滑走路、港湾
　　　　　整備、ミサイル配備による軍事化

南沙諸島の埋め立て・人工島化・軍事化

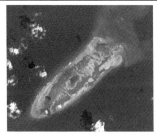

2003年のファイアリー・クロス礁。高潮位で約1mしか海面上に現れない

2016年の同礁。3000m級滑走路を持つ南沙諸島最大の人工島となった

写真：一般財団法人宇宙システム開発利用推進機構/アフロ

▶ 05　北朝鮮の核・ミサイルの脅威1
対米核抑止力強化と
対話路線

　2012年の北朝鮮新憲法は、前文で「核保有国」としての立場を明記し、翌2013年には第3回核実験を行い、朝鮮労働党中央委員会総会で「経済建設と核武力建設」を並行して推進する**「並進（ビョンジン）」路線**を採択した。2017年には、米国本土を射程に入れるICBMの発射に成功し、日韓両国のみならず、米国自身の安全にも脅威となる局面に入った。米国では、先制攻撃の議論が熱を帯び、**「a bloody nose strike（鼻血を出させる攻撃）」**といった限定攻撃論が検討され、核戦争の危機も懸念された。

　金正恩委員長は、制裁の緩和と米国の武力行使の回避に向けて、平昌オリンピックを利用して平和攻勢に出た。**「非核化」を掲げて対話路線に転換**し、中国の後ろ盾も得て、2018年6月に史上初となる米朝首脳会談を行い、「朝鮮半島の完全非核化」を約束する共同声明を発表した。しかし、その後の首脳会談も含め、米朝交渉は進展せず、北朝鮮は再びミサイル発射や核抑止力強化宣言で挑発を行うようになった。1994年の核危機以来、挑発と対話が繰り返される中で、北朝鮮の核・ミサイル開発は進んできた。

　日本の戦略はどうあるべきか。**「対話と圧力」（制裁による圧力に比重）**の方針の下で、日米韓の連携を強化し、中国を含む関係国と協力し、国連安保理を中心とする国際社会の結束を図ることを基本とする。同時に、（拒否的）抑止力としてのミサイル防衛システムの実効性を高め、米国の拡大核抑止（報復的・懲罰的抑止力）による日本防衛の信頼性を維持する努力を怠らないことである。

30 秒でわかる！ ポイント

金正恩による政治と外交

2012年　北朝鮮新憲法に「核保有国」と明記
2013年　第3回核実験　並進路線を採択（朝鮮労働党中央委員会総会）
2017年　米国本土を射程に入れるICBMの発射成功

↓

米国では限定攻撃（「a bloody nose strike」）論も

↓

北朝鮮・対話路線に転換
2018年6月　史上初となる米朝首脳会談（シンガポール）
朝鮮半島の完全非核化を約束する共同声明発表

↓

2019年　首脳会談を含め米朝交渉は進展せず

↓

北朝鮮の核・ミサイル開発は進む

2018年6月、シンガポールで、史上初の米朝会談に臨んだ両首脳
写真：AP/アフロ

15

平和を脅かす問題

挑発と対話の繰り返し（過去の経緯）

1993－1994年	第一次核危機　カーター元大統領訪朝 ➡「米朝枠組み合意」、金日成死去→金正日
2003年－	第二次核危機 中国が北朝鮮に圧力 ➡「六者会合」（2005年　共同声明）
2006年	弾道ミサイル発射、最初の核実験 ➡中国も賛成し、国連安保理決議採択
2007年	**六者会合で非核化合意**
2008年	米国が北朝鮮をテロ支援国家リストから除外
2009年	第2回核実験・ミサイル発射⇒中国「断固たる反対」 ➡国連安保理制裁強化⇒六者会合瓦解
2010年	韓国軍艦撃沈、北朝鮮砲撃に韓国も応酬
2011年	金正日死去→金正恩
2012年	米朝合意後も北朝鮮の挑発に米国や安保理が制裁
2013年	張成沢処刑
2016年	2回の核実験　17回／35発のミサイル発射
2017年	金正男がマレーシアで暗殺⇒中国が石炭輸出を停止 THAAD 韓国配備　　文在寅が韓国大統領就任 **米国本土に届く ICBM 発射**→米朝の緊張高まる
2018年	平昌五輪を機に対話に転換→**6月米朝首脳会談** 南北・中朝首脳会談も開催
2019年	**第2回・第3回米朝首脳会談**　習近平北朝鮮訪問
2020年	金正恩が核抑止力強化表明　金正恩動静報道減少

30秒でわかる! ポイント

北朝鮮最高指導者の動き

金日成
(1912−1994)

1994年 「米朝枠組み合意」
金日成死去。
金正日が最高指導者に

金正日
(1941−2011)

2007年 六者会合で非核化合意(日、米、韓、中、ロ、北朝鮮)
2011年 金正日死去。
金正恩が最高指導者に

金正恩(1984−)

2013年 叔父の張成沢を処刑
2017年 義兄の金正男暗殺事件
2018年 シンガポールでトランプ米大統領と史上初の首脳会談
2019年 第2回・第3回米朝首脳会談

▶ 07　ユーラシア大陸の
　　　　新たな「グレート・ゲーム」

中ロの提携と
米国の戦略

　ユーラシアをめぐる大国間の闘争は、冷戦終結とソ連崩壊を契機に大きく変化した。ソ連対米中の対決構図は崩れ、米国対中ロの角逐が鮮明になった。2001年、「上海協力機構」が発足し、その中核となる中ロ連携は、2012年の「戦略的パートナーシップ」により強化されてきた。ロシアにとって中国は兵器やエネルギーの大顧客であり、中国はロシアと軍事協力を強化することによって米国を牽制できる。中国の**「一帯一路」**とロシアの**「ユーラシア経済連合」**は、その戦略目標の違いにも拘らず、前者が経済必需品を提供し、後者が地域的安定性を保障することで相互補完的関係を見出している。欧米の制裁を受けるロシアは中国の支持を得て、アジア諸国との経済関係に活路を求める。**中国は西へ**、**ロシアは東へ**向かうことで、発展空間を共有する「中ロ協商」は経済的ウィン・ウィンに加え、米国や EU ／ NATO の影響力をユーラシアから排除することに共通の戦略的・地政学的利益を見出している。

　他方、米国の戦略は一貫性や実効性を欠き、アジアでの影響力を減じている。オバマ政権の「アジア回帰」や「リバランス」政策は具体的中身に乏しく、中国の力による現状変更が進んだ。トランプ政権は TPP 離脱で中国を利する戦略的失敗を犯した。太平洋軍を**「インド太平洋軍」**と改め、「航行の自由作戦」を続けるが、象徴的インパクトにとどまり、ユーラシアの権力構造は中ロに傾く。バイデン政権が同盟国を重視し、「自由で開かれたインド太平洋」戦略を強力に推進するかに注目。

冷戦後の中ロ提携

軍事協力(米国を牽制)

| 中国 | | ロシア |

武器・エネルギーの売却

2001年「上海協力機構」発足
2012年「戦略的パートナーシップ」

「一帯一路」　←→　「ユーラシア経済連合」
(経済必需品を提供)　　　　(地域的安定性を保障)

西進　　　　　　　　　　　東進
米国やEU/NATOの　　　　　アジアとの経済に活路
影響力をユーラシアから排除

米国の戦略

同盟国・パートナー国との結束必要。しかし、
一貫性・実効性を欠き、TPP離脱で中国を利する。
「インド太平洋軍」に改称し、「航行の自由作戦」を
続けるも、象徴的インパクトにとどまる。
「自由で開かれたインド太平洋」戦略の推進が必要

15

平和を脅かす問題

▶ 08　第一列島線と
オフショア・コントロール

海をめぐる
米中の攻防

　米国の軍事力は依然として圧倒的だ。国防費は米国に次ぐ10カ国の総額を上回る。しかし、世界大国は中東や欧州の安定維持にも戦力を割かざるを得ない。台頭中国が周辺地域に戦力を集中する中、「インド太平洋において、勢力の均衡が米国を利するものになるよう努める」（2017年国家安全保障戦略）ことには不確実性も漂う。

　台湾海峡危機では米空母機動部隊を前に沈黙した中国軍が、今や巡航・弾道ミサイルや潜水艦の A2 / AD によって米軍を寄せつけない力をつけつつある。次世代ステルス戦闘機を配備した空軍と空母を保有した外洋海軍も活動空間を広げる。南シナ海をはじめ「第一列島線」内での中国の軍事的優位が確立すれば、世界の主要なシーレーンの一つが初めて**米国以外の国の勢力下に入る**ことになる。

　こうした中国の拡張を阻止する戦略として、中国から遠く離れた海峡などの封鎖によって中国海上貿易を遮断する（同時に同盟国も守る）**「オフショア・コントロール」**がある。地域の大国に「負担移転（buck-passing）」する防御的な「オフショア・バランシング」（11-05参照）と異なり、米国のグローバルな海軍力による**攻撃的戦略**である。中国による第一列島線内の海洋使用を「拒否」し、第一列島線を「防衛」し、その外側の海域を「支配」するため、同盟国や友好国との連携・協力を重視する。中国の対抗戦略は、海軍力の増強に加え、南シナ海の軍事化、及びインド洋からアフリカ・欧州に至る「海のシルクロード」と「真珠の首飾り」（ジブチは最初の海外基地）の推進である。

30 秒でわかる！ ポイント

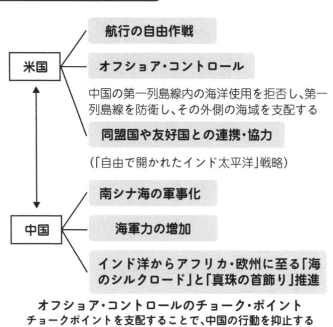

	航行の自由作戦
米国	オフショア・コントロール

中国の第一列島線内の海洋使用を拒否し、第一列島線を防衛し、その外側の海域を支配する

同盟国や友好国との連携・協力

（「自由で開かれたインド太平洋」戦略）

	南シナ海の軍事化
中国	海軍力の増加

インド洋からアフリカ・欧州に至る「海のシルクロード」と「真珠の首飾り」推進

オフショア・コントロールのチョーク・ポイント
チョークポイントを支配することで、中国の行動を抑止する

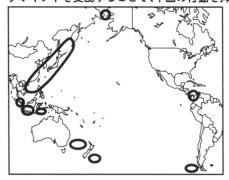

一方、日本の石油輸入の92.9%は中東から、0.4%は東南アジアから（2020年9月）であり、武力紛争などで南シナ海の通過が困難になれば、迂回ルートが必要で輸送コストも上昇する

▶ 09　中印対立と「自由で開かれた
　　　　インド太平洋」

インドの役割と民主主義

　日米が推進する「自由で開かれたインド太平洋」戦略のカギを握るインドは、**カシミール問題**でパキスタンと、国境紛争で中国とそれぞれ戦争し、対立は今も続く。3カ国は核保有国であり、対立が激化すれば、**核戦争の危機**も孕む。2020年には、中印国境（地図参照）で1962年の紛争（インドが敗北）以来の死者を出す衝突が起きた。「一帯一路」の柱である「中・パ経済回廊」は、印パが領有権を争うカシミールを通る。

　海では、インド周辺諸国の港湾を拠点化する**「真珠の首飾り」戦略**が進む。「インド海洋ドクトリン」は中国海軍のインド洋進出を意識する。中国はインド以上の台頭を続け、経済規模で5倍、国防費で4倍の差を付けた。非同盟主義の遺産は残るが、インドには域外大国との連携が不可避となった。中国と連携するロシアには頼れず、「敵の敵は味方」の論理がインドと米国を接近させる。しかし、そこには、民主主義という共通の価値をめぐる問題も生起した。

　インド政府は、イスラム教徒多数のジャンム・カシミール州から憲法で認めてきた自治権を剝奪するなど、攻撃的なヒンズー多数派主義の政策を進めた。**ヒンズー至上主義**を掲げるインド人民党（BJP）が党勢を拡大させ、不寛容な排他主義を広げれば、インド民主主義への信頼は低下する。イスラム教徒（14%）、キリスト教徒（2%）、その他シーク教徒などと平和的に共存する多様で民主的なインドこそが「自由で開かれたインド太平洋」秩序において必要とされる。

戦略のカギを握るインド

インド

国境紛争　↕　↖　カシミール問題

中国　＝　**パキスタン**

カシミール地方

中国
中国施政下のアクサイ・チン
ツァチェン氷河
（印パ係争地）

パキスタン施政下の
カシミール

Line of Costrol

中国施政下の
アクサイ・チン

パキスタン

2020年
の中印衝
突地点

ジャンムー
カシミール

ラダック

中国

パキスタン
インド

インド

インド施政下の
カシミール

1962年　中印国境紛争（インドが敗北）
2020年　中印国境紛争で死者

**「自由で開かれたインド太平洋」戦略における
インドの重要性**

↑　　　　　↑　　　　　↑

中国海軍の　　「真珠の首飾り」　　インド海洋
インド洋進出　　戦略　　　　　ドクトリン

▶ 10　経済・軍事・社会の
　　　 パラダイム・シフト

安全保障化と
「新しい戦争」の時代

　5G、ビッグ・データ、人工知能（AI）などデジタル技術の覇権をめぐる米中の闘争が激化する。米国は、輸出管理・対米投資・留学・研究・データ・情報技術など幅広い分野で、規制強化に向けた議会の立法や行政府の措置を打ち出す。規制対象企業となる**「Entity List」**への掲載は、安全保障（軍民両用技術）に限定されず、人権侵害関与（ウイグル問題との関わり）なども理由とされる。中国も輸出管理法の制定など規制を強化して対抗する。

　また、経済相互依存は政治や安全保障リスクを和らげるとされてきたが、米中両大国は、相互依存の非対称性を利用して、経済制裁的措置を多用するようになった。韓国のTHAAD配備やフィリピンの南シナ海問題での仲裁裁判所への提訴や豪州の対中コロナ批判などに対する中国の「制裁」はその例である。

　軍事分野では、**非対称兵器による「新しい戦争」**が懸念される。例えば、ドローンなどの無人攻撃機、サイバー攻撃部隊、AIロボットなど軍民両用技術を利用した兵器による戦闘の変化である。宇宙でも**「宇宙軍」創設**など軍事化が進む。相互脆弱性を認識した相互自制と国際ルールのない現状は危険極まりない。

　時価総額の世界トップ10の過半を占める巨大デジタル企業は、個人情報を独占し、社会を操りかねない力を持った。中国では、アリペイの急速な広がりで、キャッシュレス社会が誕生した一方で、監視カメラとAIによる監視社会『1984』の世界が出現している。

「**グレーゾーン事態**」(平時と有事の境が見えない)
(2020年の日本の「防衛白書」など)

① **「戦場」の広がり**
　・サイバー
　・宇宙

② **「衝突」の始まり**
　・貿易(関税)戦争
　・金融戦争
　・テクノ戦争
　・情報(プロパガンダ・シャープパワー)戦争
　・サイバー戦争

③ **「戦い方」の変化**
　・ドローン(無人攻撃機)
　・サイバー部隊や宇宙軍
　・非対称相互依存に基づく圧力
　・Entity List

一本のツイッターが突き付けた
自由とカネのジレンマ

　2020年の香港情勢は、リベラル秩序への世界の感度を確かめる機会となった。欧米や日本のメディアは、国際社会が対中批判一色となったかのように論じたが、第44回国連人権理事会（スイス・ジュネーブ）には異なる風景があった。そこで審議された「香港国家安全維持法」に反対する国は、日本や欧米諸国など27カ国（米国は脱退）で、賛成する国は、中国の他、カンボジア、キューバ、イラン、パキスタン、北朝鮮など53カ国に上った。

　同法の基となった「国家安全法」は2015年に中国で制定されたが、日本や欧米の企業の投資やビジネスに変化はなかった。それは、民主や人権といった価値ではなく経済利益を追求する企業の行動原理としては至極当然であったと言える。

　しかし、2019年、NBA（全米プロバスケットボール協会）所属チームのGMが発した一本のツイート（「香港と共に立ち上がろう」）が、中国の非難を招き、スポンサーやパートナー企業の協力停止やNBA関連イベントのキャンセルにつながった時、巨大な市場を失うことを恐れたNBAは釈明声明を発表し、ナイキは関連グッズを撤去した。これには米国内から批判が噴き出た。

　自由や民主で飯が食えるか？　そう考えて行動する人たちや企業は少なくない。しかし、そうした姿勢が中国の権威主義を勢いづかせ、リベラル秩序を後退させかねない。イデオロギーよりカネが力を持つことを学んだ中国は巨大な市場と豊富な資金にモノを言わせ、自らの国益の実現に向かう。

第 6 部

日本外交の
原則と課題

▶ 01　国際協調
戦後日本外交の基調

　戦後の日本は、先の大戦に対する痛切な反省を胸に、**国際協調を基調とする外交**に努めた。それは、歴代首相の施政方針演説からも明らかだ。例えば、「国家利益はあくまで世界平和と結びつき、国際協調を基礎とする」（1965年、佐藤栄作）や「日本の立場のみに捉われることなく、世界全体との調和を図っていくことがひいては日本の国益に沿う」（1983年、中曽根康弘）などである。

　1957年に発表された最初の外交青書『我が外交の近況』は、「国連中心」「自由主義諸国との協調」「アジアの一員としての立場の堅持」を**外交の三原則**として掲げた。しかし、政治体制や経済発展段階の異なる多様な国家の集まりである国連やアジアとの協調は外交の理念にとどまった。唯一「協調」という言葉が使われた「自由主義諸国」が冷戦という国際政治構造の中で現実的な国際協調の対象となり得たのである。その中核に日米同盟があったことは言うまでもない。戦後日本外交の基軸は一貫して日米同盟であった。

　外交三原則は、「**相互に矛盾する**のではないか、との疑問や実施不可能との批判が多く聞かれた」（1958年版外交青書）ため、翌年の青書は、「現実の国際政治においては、三原則をそのまま字義通りに適用し得ないような事態も起こり得ることは認めざるを得ない」と開陳した。第一と第二の原則は、小泉政権の米国によるイラク戦争支持（国連安保理では仏独の不支持もあってイラク攻撃容認決議は採択されず）で対立し、第二と第三の原則は、鳩山政権の**「東アジア共同体」**構想の提起（米国には懸念があった）で緊張した。

30秒でわかる! ポイント

> ## 戦後日本の外交三原則と国際協調
>
> ① 国連中心
> ② 自由主義諸国との協調
> ③ アジアの一員としての立場の堅持

↓

①と③は政治体制の違いや経済発展段階の異なる
多様な国家の集まり

↓

①と③の協調は理念にとどまる

↓

②のみが現実的な協調

小泉政権のイラク戦争対応
→ ①と②の間のジレンマ

鳩山政権の「東アジア共同体」構想
→ ②と③の間の緊張

↓

つるところは
日米同盟が日本外交の基軸

▶ 02 外交の基軸としての日米同盟

日本の安全と東アジア安定の礎石

　日米同盟は、米国には日本を防衛する義務があるが、日本にはないという片務的な同盟であり、それが米国の**「安保ただ乗り」批判**にもつながった。しかし、日米双方の権利と義務を定めた日米安全保障条約は、第5条で米国の日本防衛義務を定める一方で、第6条で日本の米国への施設・区域の提供義務も定めている。いわば、モノ（基地）とヒト（軍隊）の非対称な交換によって、日本の基地を拠点にして、アジアから中東にかけての米軍の前方展開を可能としてきた。その意味で、米国の世界戦略に欠くことのできない同盟である。それは、日本の安全のみならず、東アジアの安定を維持し、リベラルな国際秩序を支える礎石ともなってきた。

　北朝鮮の核・ミサイル開発や中国の海洋進出への懸念が高まる中、核の傘を含む拡大抑止や**尖閣諸島への日米安保条約第5条の適用**など、日米同盟には代替できない役割がある。世論調査でも、日本国民の多数が同条約を肯定的に捉えている。中国の台頭が続く中、東アジアのパワーバランスを維持していくためにも、**集団的自衛権の条件付き容認**や日本の防衛力向上などによって日米同盟への信頼性を高めていく努力が求められる。

　なぜ日米同盟に固執するのかとの意見もあろうが、戦後日本の平和と繁栄は米国との協調・同盟なしにはあり得なかった。そこには、安全保障を超えた価値観の共有がある。日本が享受してきた自由で開かれた国際秩序は当然ではない。それを支える公共財としての日米同盟の役割を改めて確認し、協力を強化すべきである。

日米安全保障条約に基づく
日米同盟の役割

①日本の安全
②東アジアの安定
③リベラルな国際秩序の維持

片務的

防衛義務が米国にはあるが、
日本にはない

非対称

モノ(基地)と
ヒト(軍隊)の交換

●拡大抑止
●尖閣諸島への日米安保条約第5条の適用
●集団的自衛権の条件付き容認
●国際秩序を支える公共財

↓

日米同盟の信頼性の向上

▶ 03 外交の理念としての「国連中心」

日本が目指してきた安保理改革

　193カ国が加盟する国際連合は、主権平等を原則とする総会とパワーを反映する安全保障理事会を柱とする国際機関であり、多国間外交の現場である。「the United Nations（連合国）」の名が示す通り、第二次世界大戦の戦勝国が原加盟国となったため、安保理は当時の国際社会のパワー分布を反映している。「国際の平和と安全の維持」に責任を果たす安保理の代表性や実効性を高めるためには、その後のパワー分布の変化を反映させる必要がある（※）。

　1992年から国連総会で始まった安保理改革の議論では、日本は常任理事国を目指す**独印伯との連携（G4）**を中心に、常任理事国（米英仏ソ中の５カ国でP5と呼ばれる）と２年ごとに総会の選挙で選ばれる非常任理事国（10カ国）の双方を拡大する（常任理事国については、アジア２、欧州１、アフリカ１、中南米１を追加してP10とする）案を推進し、**日本に常任理事国を担う意思と能力がある**ことも表明した。しかし、常任理事国を目指す地域大国、それを阻止したい地域のライバル国、特権をP5に限定したい現常任理事国、大国の特権に反発して安保理「民主化」を求める中小国などの間で、**国益は衝突**した。結局、憲章改正に必要な総会構成国の３分の２の多数の支持が得られる改革案は生まれなかった。日本の国力も落ちた。日本が目指してきた安保理改革は未完の夢に終わるのだろうか。

（※）国連憲章には連合国の敵国だった国に関する規定（「敵国条項」）が依然存在し、日本政府はその削除を訴えてきた。

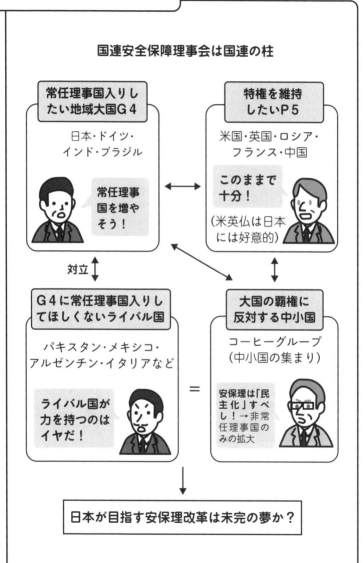

国連安全保障理事会は国連の柱

常任理事国入りし たい地域大国G4

日本・ドイツ・ インド・ブラジル

常任理事 国を増や そう！

特権を維持 したいP5

米国・英国・ロシア・ フランス・中国

このままで 十分！

（米英仏は日本 には好意的）

対立

G4に常任理事国入りし てほしくないライバル国

パキスタン・メキシコ・ アルゼンチン・イタリアなど

ライバル国が 力を持つのは イヤだ！

=

大国の覇権に 反対する中小国

コーヒーグループ （中小国の集まり）

安保理は「民 主化」すべ し！→非常 任理事国の みの拡大

日本が目指す安保理改革は未完の夢か？

16

日本外交の三原則

▶ 04 外交の課題としての
「アジアの一員」

近隣諸国との
歴史問題

終戦50周年の**村山首相談話**（「痛切な反省の意」と「心からのお詫びの気持ち」を表明）の20年後、安倍首相は、「歴史の教訓を深く胸に刻み、より良い未来を切り拓いていく」大きな責任があると述べた。しかし、未来志向の日中・日韓関係への道は依然厳しい。

中国の指導者はしばしば「歴史を鑑とし、未来に向かう」という一文を口にする。しかし、両国が直視すべき「歴史」はその事実関係や意味付けにおいて異なり、時に外交問題にまで発展し、国民感情を悪化させた。政権の正統性やナショナリズムとつながる歴史認識の共有は容易ではない。独仏両国の間では共通の歴史教科書が作られたが、**日中歴史共同研究**（2006−2009年）の報告書は日中双方の専門家がそれぞれの見解を発表する格好にとどまり、中国では公表も許されなかった（例えば、中国側は「南京大虐殺」の犠牲者数を30万人とするが、日本側は諸説ありとする）。韓国との間では、**慰安婦や徴用工の問題**で難しい関係が続く。

他方、戦後日本の平和主義や途上国への政府開発援助（ODA）はアジアでも高く評価され、人権や法の支配が確立した民主主義国家としても国際社会の信頼を勝ち得てきた。

その意味で、2013年の安倍首相の靖国神社参拝に対して、米国が「失望している（disappointed）」との声明を発表したことは、歴史をめぐる問題と日米が共有する普遍的価値（※）が微妙に絡み合っていることを認識する機会となった。

（※）現在、日本政府は、「基本的価値」という呼称を使用。

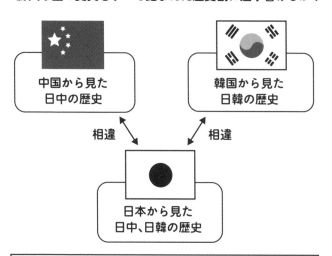

歴史の見方は多様である

歴史的事実に基づく客観的歴史認識は可能か？
→「歴史的事実」は正確に記録されたものか？
膨大な量の史実をすべて踏まえた歴史観に辿り着けるか？

中国から見た
日中の歴史

韓国から見た
日韓の歴史

相違　　　　　相違

日本から見た
日中、日韓の歴史

各国の社会の価値体系に基づく歴史認識は存在しても、
普遍的価値に基づく歴史認識の形成と国際的共有は困難

↓

政権の正統性や国民のアイデンティティや
ナショナリズムと関係する
歴史認識の共有は容易ではない

16

日本外交の三原則

▶ 01　日本の国際平和への貢献

湾岸戦争と
PKO活動への参加

　1990年にイラクがクウェートに侵攻した。国連安保理は次々と決議を採択し、決議678号では、イラクがクウェートからの無条件・即時撤退などを求めた諸決議を履行しなければ、加盟国に対し「国際の平和と安全を回復するために必要なあらゆる手段を取る権限を与える」と決議した（「武力行使容認決議」（※）。翌1991年1月に始まった多国籍軍の攻撃により、クウェートは解放された。

　一方、日本は、安保理での **「先例のない協力関係」**（91年、海部首相）によって国際社会が共同行動を取る中で、米国からはカネだけでなく、ヒトも含めた貢献を迫られた。しかし、憲法上の制約に加え、国民感情や近隣諸国の反応を考慮すれば、自衛隊の派遣は困難であった。日本政府は平和協力隊（自衛隊員の身分で参加）の派遣を可能とする **「国連平和協力法」** の制定に動いたが、国会での反対多数で廃案となった。このことが米国の財政貢献要求を強め、最終的に130億ドルという巨額の支援を行うことになった。しかし、クウェート政府の感謝広告に列記された貢献諸国の中に日本の名前はなかった。**「現金支払機」** との批判を受けて、ヒトの貢献への議論が高まった。日本政府は再度国連平和協力法の制定に動き、**自衛隊のPKO活動参加を可能** とした。その際に武器使用は自衛のみなどの「PKO 5原則」が設定されたが、その後、安保法制において任務遂行のための武器使用や駆けつけ警護が認められた。

（※）決議の法的性質については、国連憲章51条の集団的自衛権の行使との見解と同42条の軍事的措置との見解がある。

湾岸戦争（1990－1991年）時の日本の姿勢

米国はカネだけでなくヒトも出すよう要請。
日本は平和協力隊の派遣に動いたが、
国会の反対多数により実現せず、
130億ドルに上る資金援助の実施に終わった

多国籍軍

130億ドル支援

しかし……
戦後、クウェート政府が出した感謝広告に
日本の名はなかった

日本はATMだ！

→「湾岸戦争のトラウマ」

その後、国際協調や国際社会の評価の観点から国連
平和協力法を制定。
これにより、
・自衛隊のPKO活動が可能に
さらに安保法制により、
・任務遂行のための武器使用や駆けつけ警護も可能に

17

日本外交の課題

▶ 02　日中関係の重要性と難しさ

日中関係の
悪化と改善

　1972年の国交正常化以来、日中関係は両国の力関係や国民感情の変化もあって、対立や緊張の局面に何度も陥ったが、その都度、日中両国政府は、関係改善に取り組んだ。

　しかし、2008年の北京オリンピックと世界金融危機（中国はいち早く回復し世界経済を牽引）後に自信を強めた中国は高揚するナショナリズムも背景に自己主張を強める外交に転じていく。**GDPで日本を追い越した**2010年、尖閣諸島領海で中国漁船による日本海上保安庁巡視船への衝突事件が起きた。その映像が日本中に流れると、日本の世論は沸騰した。2012年の**尖閣諸島「国有化」**後は、中国公船等による尖閣諸島周辺の領海や接続水域への侵入が繰り返され、海上保安庁巡視船との間で緊張が続く。中国航空機への自衛隊のスクランブル数も激増した。

　中国は日本にとって**最大の貿易相手国**であり、海外進出日本企業の半数近くが中国に集中する。しかし、対中ビジネスには政治的リスクも伴う。反日デモや日本製品不買運動、日本企業駐在員の拘束やレアメタルの対日輸出禁止もあった。

　李国強首相訪日（2017年）と安倍首相訪中（2018年）により日中関係は正常な軌道に復したが、米国の**対中デカップリング**の影響や、尖閣諸島をめぐる問題など、日中関係の先行きには依然不確実性が伴う。**日本人の8割以上**が中国に良くない感情を持つ一方、訪日観光客数増加もあり、中国人の対日感情は改善した。

●	日中関係の推移	⚝

1972	日中国交正常化	
1978	日中平和条約締結	
1979	第一次円借款（大平首相）	友好期
1984	第二次円借款（中曽根首相）	
1985	中曽根首相の靖国神社参拝	
1992	天皇皇后両陛下訪中	
	（中国は1989年の天安門事件後の国際的孤立から脱却）	
1998	江沢民国家主席来日	
	日本の歴史認識を批判	悪化
2001	小泉首相の靖国神社参拝	
	政治は冷え込むが経済関係は良好（「政冷経熱」）	
2006	安倍首相訪中	
	「戦略的互恵関係」構築へ	改善
2008	胡錦濤国家主席来日	
	北京オリンピック・世界金融危機	
	→ 中国が自信を強める	
2010	中国のGDPが日本を抜く	
	尖閣諸島の日本領海で中国漁船が海上保安庁の巡視船に衝突	
2012	日本政府が尖閣諸島を「国有化」（5島のうち3島の所有権の移転）	悪化
	→中国各地で反日デモ	
2014	APEC（アジア太平洋協力：北京）で安倍首相が習近平国家主席と会談	
2018	安倍首相訪中（「競争から協力へ」）	改善
	日中関係改善へ（米中関係悪化で中国は日本に秋波）	
2020	習近平国家主席の訪日延期	
		？

17

日本外交の課題

▶ 03　日中経済関係の行方

ODAから
「第三国市場協力」
へ

　日本の対中ODAは、1979年の大平正芳首相訪中後、「より豊かな中国の出現がよりよき世界につながるとの期待」で始まり、中国の改革と開放、経済発展に貢献した。円借款は、鉄道、港湾、空港、発電などの**経済インフラ整備**に、無償資金協力や技術協力は医療・教育・農業・環境などの分野での**社会開発に活用**された。それは、日中関係を下支えする基盤となり、「投資環境の改善や日中の民間経済関係の進展にも大きく寄与」した。誤算だったのは、**胡耀邦**や**趙紫陽**といった「改革派」指導者の失脚と**天安門事件**である。日本はG7で「中国を孤立させるべきではない」と訴え、西側の経済制裁は解除されていった。しかし、天皇訪中が予定されていた1992年、中国は**「領海法」**を制定し、尖閣諸島を自国の領土と記載した。また、共産党統治の正統性維持のため、反日感情醸成につながる**愛国（歴史）教育の強化**にも動いた。2007年に日本の国会で演説した温家宝首相は、改革・開放への支持と支援に謝意を表明したが、そうした評価が中国社会で広がることはなかった。

　2010年、中国は日本を抜いて世界第二の経済大国となった。2018年、訪中した安倍首相は**対中ODA終了**を発表し、日中経済協力は**「第三国市場協力」**に移った。2020年、東アジア地域包括的経済連携（RCEP）が8年の交渉を経て合意に至った。中韓との初めてのEPAであり、サプライチェーンの強靱化の観点からも意義深い。アジア・太平洋の秩序作りの観点から、日中経済関係をどう位置付けていくか、戦略的・長期的な思考が必要とされる。

日中経済協力の変化

1979年対中ODA開始

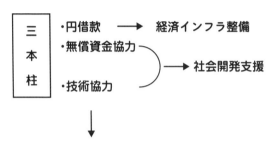

三本柱

・円借款　━━→　経済インフラ整備
・無償資金協力
　　　　　　　━━→　社会開発支援
・技術協力

↓

①日中関係を下支え
②投資環境を改善
③民間経済関係を促進

↓

2018年対中ODA終了
「第三国市場協力」へ
　　　　‖
「日本企業が国際スタンダードにのっとり、
ビジネスとして持続可能なプロジェクトを
進め、各国のお手本となる」(安倍首相
2018年)

▶ 04　尖閣諸島をめぐる問題
日中の立場と
日米安全保障条約

　「尖閣諸島が日本固有の領土であることは歴史的にも国際法上も明らかであり、現に日本はこれを有効に支配しており、尖閣諸島をめぐって解決しなければならない**領有権の問題はそもそも存在しない**」。この日本政府の立場からすれば、そもそも「棚上げ」があったとか、なかったとかといった議論自体も存在しないことになる。しかし、1968年の国連調査により東シナ海での石油埋蔵の可能性が明らかになると、1971年、中国外交部は、「釣魚島」（尖閣諸島の中国名）は**台湾の付属島嶼**であり、昔から中国領土の不可分の一部であると宣言した。尖閣諸島は、戦後、サンフランシスコ平和条約第3条に基づき、南西諸島の一部として米国の施政下に置かれ、沖縄返還協定（1972年）によって施政権が日本に返還された。米国の歴代政権は、当時のニクソン政権の立場（米国は尖閣諸島の領有権とはいかなる関係もない）を引き継いできた。同時に、米国は、返還された尖閣諸島が日本政府の施政の下にあり、**日米安保条約第5条**（「日本国の施政の下にある領域における、いずれか一方に対する武力攻撃」への対処）が適用されることを明言してきた。

　2008年の中国公船の侵入、2010年の中国漁船衝突、そして2012年の**「国有化」**を端緒に、中国公船の尖閣諸島周辺の領海や接続水域への侵入が増大した（17-02参照）。日本は、尖閣諸島の有効支配を揺るがせることなく、冷静かつ毅然とした対応を堅持し、日米安保条約の適用を米国との間で確認し、対外的に明らかにしていくことが重要である。

30秒でわかる! ポイント

日本政府の立場
「尖閣諸島は日本固有の領土。
領有権の問題はそもそも存在しない」

1968年、東シナ海に石油
埋蔵の可能性が明らかに

↓

中国、台湾が独自の主張を始める

中国　　　　日本

東シナ海

尖閣諸島

330km　　410km　沖縄
本島
170km　170km

台湾　　　太平洋

石垣島

※尖閣諸島最大の魚釣島と、
石垣島、沖縄本島、台湾、中国
大陸との距離

「釣魚島」は台湾の
付属島嶼で、中国
の不可分の一部

尖閣諸島は日本の施
政下にあり、日米安保
条約が適用される

現状　　中国公船による侵入が増大

↓

日本は尖閣諸島の有効支配を揺るがせるこ
となく、冷静かつ毅然とした対応を堅持し、
日米安保条約が適用されることを米国と確
認し、対外的に明らかにしていくことが重要

▶ 05　日本が直面するコロナ後の世界

米中分断時代と
パラダイム・シフト

　2020年のコロナ危機が世界の政治・経済・社会の構造変化を促す。

　第一に、危機は感染症という国境を超えた問題によるもので、本来、国際協力によって対処すべきだが、米中間の非難の応酬に見られたように、**「米中分断」**が鮮明になった。経済的な「デカップリング」の背景には、米中の技術覇権をめぐる闘争がある。人権やプライバシーの規制に慎重な民主主義と強権統制型権威主義の間で国民の安全を守るガバナンスの優劣が論じられ、価値が衝突する。**日米同盟**と**「日中協商」**の間の摩擦が顕在化しよう。

　第二に、「米中分断」は「世界分断」に向かいかねない。中国はアメとムチで支持を広げ、米同盟網を切り崩そうとする。コロナウイルス発生源の独立調査を求めた豪州に対しては、中国は農産物輸入規制などの「報復」を行った。米中の狭間に置かれた中小国や企業は、**正義（価値）か経済（利益）か**の選択を迫られる。香港はその象徴となった。日本企業も地政学リスクへの備えが必要になる。

　第三に、感染対策と経済再開のジレンマ（トレードオフ）の中で、医療や雇用を支えるための巨額の財政支援が長期化し、**「大きな政府」の時代**が到来した。日本を含め国家の財政は一段と悪化し、債務リスクが膨張する。金融危機と増税の時代が忍び寄る。

　第四に、**自動化・ロボット・AI**等によるパラダイム・シフト（15-10参照）が加速する。それでも、雇用創出（ロボット等は雇用を奪う）は国家の最重要課題であり、イノベーションの役割を過大評価していると、下からの異議申し立てが噴出するだろう。

新型コロナ・パンデミックが促す構造変化

●「米中分断」時代へ

| 民主主義 | ←──政治体制──→ | 権威主義 |
| 覇権国家 | ←──技術覇権──→ | 「強国強軍」を目指す台頭国家 |

●価値か利益かの選択も迫られる

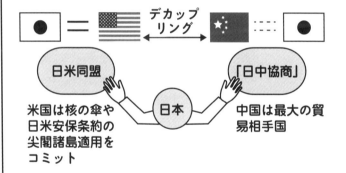

デカップリング

日米同盟　　　「日中協商」

日本

米国は核の傘や日米安保条約の尖閣諸島適用をコミット

中国は最大の貿易相手国

両立が困難に？
（日本企業が踏み絵を迫られるリスクも）

●巨額の財政出動による「大きな政府」へ
　　財政は悪化＝金融危機、増税の時代へ

●自動化・ロボット・AIが促すパラダイムシフト
　　──→ 雇用問題

▶ 06　日本外交の新展開

対中関与政策の終焉と新戦略

　異質な競争相手も国際機関やグローバル貿易システムに包摂すれば穏健で信頼できるパートナーに変わるだろうとの議論は中国については楽観的でナイーブであり、1972年以来の**対中関与政策は失敗**だったとの認識が米国を中心に広がりを見せる。

　国際秩序を塗り替えるほどのパワーを持った中国。しかし、秩序の基礎となる普遍的価値が何であるかは見えてこない。むしろ、価値をめぐる摩擦や衝突が顕在化している。中国は批判的な国家や企業を威嚇し制裁を課す。しかし、経済利益の喪失や中国の**「戦狼外交」**を恐れて、自由や「法の支配」を守る姿勢を後退させれば中国に誤ったメッセージを与え、力による現状変更に歯止めがかからなくなる恐れがある。米国では、**「競争的共存」**という議論も出ている。日本は米国のほか、価値や戦略的利益を共有する諸国と対中戦略をすり合わせていく必要がある。

　第一に、日米同盟を基軸として、利益や価値を共有する諸国との連携・結束を戦略的に進めたい。例えば、日・EU経済連携やTPP11のような質の高い自由貿易圏拡大・深化、「自由貿易の番人」たる世界貿易機関（WTO）の改革、国連諸機関のガバナンス強化、**日米豪印の安全保障協力**などである。

　第二に、持続可能な個人の自立と社会作りを促す援助（「人間の安全保障」の視点）等によってアフリカなど途上国への支援を強化し、日本や欧米の経済パートナーとして自立できるように助けることが重要だ。

30 秒でわかる! ポイント

米国の対中関与政策は失敗
だったとの認識が広がる

⇩

米国とその同盟国・パート
ナー諸国は、対中戦略をす
り合わせ、結束してリベラ
ル秩序の防衛に努める必要

↓

日本の戦略・政策は？

[戦略]◎日米同盟を基軸として、利益や価値を共有する諸国
　　　と連携・結束
　　　◎持続可能な個人の自立と社会づくりのための国際
　　　協力
[政策]①日米豪印の安全保障協力
　　　②質の高い自由貿易圏の拡大・深化
　　　③世界貿易機関(WTO)の改革
　　　④国連諸機関のガバナンス強化
　　　⑤途上国支援や感染症などグローバル・
　　　イシューでの国際協力の強化
　　　(人間の安全保障の視点)

↓

「日米同盟＋α」の「α」を策定し、戦略的外交を展開すべき

核兵器禁止条約と「恐怖の論理」

　2017年7月、「核兵器禁止条約」が採択されたが、日本は参加を見送り、批判や疑問の声が上がった。この条約は、核兵器の存在自体を直ちに違法化するもので、「核のない世界」を一気に実現しようとする野心的取り組みだ。その根底には、「銃を社会から一掃してしまえば銃で身を守る必要もなくなるではないか」とでもいうような論理が横たわる。日本政府の立場は、「核攻撃の脅威から国民を守るという安全保障への考慮が十分でない」というものだ。同条約は、広島・長崎の被爆を経験した日本が追い求める「核兵器なき世界」の実現という人類の理想を謳った崇高な文書だが、もしこれに日本が賛成すれば、日本は米国の「核の傘」にあるという現実との間で矛盾が生じる。

　広島を訪れたオバマ大統領は、「核を保有する国々は、恐怖の論理から逃れ、核兵器のない世界を追求する勇気を持たなければなりません」と述べた。安全保障の本質には、「恐怖の論理」が存在する。「恐怖の均衡」の下にあった冷戦以降、国際社会は、「相互確証破壊」という核兵器への恐怖から生まれる抑止に頼らざるを得ない現実の中にいる。それでも、「核兵器なき世界」が人類の目指すべき理想であるなら、実現可能か否かに拘らず、そのために努力することが人間としての使命であろう。

「核の傘」を必要としない状況をどう築くか、そのことを考え抜いて、現実の国際政治において、日本ができることを着実に積み重ねていくしかない。

国際政治を学ぶ人のための20冊

1.『戦史』全二巻 (トゥキディデス／岩波文庫／1966年)

　古代ギリシャの覇権をめぐって、アテナイとスパルタが繰り広げたペロポネソス戦争の歴史を描いた大著。筆者はアテナイの将軍として戦場に立ち、そこでの観察と思索を将来への教訓として書き残した。台頭国家の力の増大と覇権国家の恐れが戦争を不可避にしたとの結論は「トゥキディデスの罠」と呼ばれるようになった。

2.『君主論』新版 (マキァヴェリ／中公文庫／2018年)

「ある (to be)」と「あるべきだ (ought to be)」を厳格に区別し、世界をあるがままに捉える必要があるとの悲観的現実主義を提示。マキャヴェリズムと呼ばれた政治術は非道徳性ゆえの批判も浴びたが、国家の安全のための政治権力の重要性を説いた政治論は古典的リアリズムの発展に大きな影響を与えた。

3.『八月の砲声』全二巻 (バーバラ・タックマン／ちくま学芸文庫／1980年)

　第一次世界大戦の勃発を扱った名著。膨大な資料を駆使して、政治・外交・軍事における多くのプレイヤーの思考や言行に迫った。臨場感溢れる筆致は見事。キューバ危機の前にケネディ大統領も読んで、誤算や誤解を犯すまいと決意した。

4.『世論』全二巻 (W・リップマン／岩波文庫／1987年)

　100年前に刊行された著作だが、今も色褪せない鋭い洞察力に驚く。特に、「ステレオタイプ」という概念を使った世論についての分析は、民主主義の脆弱性や後退が論じられる今日、傾聴に値する。外交と内政は連続し、相互に作用し合う。画期的な世論研究の書を紐解く時だ。

5.『危機の二十年』
(E・H・カー／岩波文庫／1996年)　※英文第1版は1939年刊

　二つの大戦間の「20年の危機」をどう認識するか、その国際構造的原因

を明らかにした古典的名著。力、利益、道義、国際秩序についての洞察は今も色褪せない。国際政治を学ぶすべての方に熟読してほしい一冊である。

6. 『第二次世界大戦の起源』(A・J・P・テイラー／講談社学術文庫／2011年)

第二次世界大戦後の「正統派」歴史観は、大戦の原因を邪悪なヒトラーによる計画的侵略に帰したが、テイラーは、「(英仏やドイツの)外交の大失態の結果」であると主張し、大論争を巻き起こした。野心と疑心、無知と誤解、判断ミスに基づく行動と意図せざる結果の相互作用となった欧州列強の外交展開を解き明かした名著。

7. 『国際政治－権力と平和』全三巻
(ハンス・J・モーゲンソー／岩波文庫／2013年)

古典的現実主義の大家は、パワーと国益を概念付け、関係付けることで国際政治を学問として体系化した。勢力均衡を基本としつつ、外交を通じた「調整による平和」を提唱した。国際政治を志す人には、この大著を完読してほしい。

8. 『アメリカ外交50年』(ジョージ・F・ケナン／岩波現代文庫／2000年)

ケナンは、ソ連封じ込めを提唱した「X論文」を著し、米ソ冷戦に大きな影響を与えた外交官であり、国際政治学者。本書は、米国の道徳家的・法律家的外交を批判的に考察したケナンの透徹した現実主義が出色。自らの思索や構想の現実政治との確執に苦悩するケナンの人間性溢れる『ジョージ・F・ケナン回顧録』全三巻(ジョージ・F・ケナン／中公文庫／2016、2017年)も一読の価値あり。

9. 『13日間－キューバ危機回顧録』(ロバート・ケネディ／中公文庫／2001年)

キューバ危機の13日間、ケネディ大統領を支えた弟ロバート(当時司法長官)の回顧録。核戦争の淵に立った指導者の苦悩と決断が描かれている。世界を救ったのは、「核保有国は、相手側に屈辱的な敗北か核戦争かのどちらか一方を選ばせるような対決を避けなければならない」と語ったケネディ大統領の外交感覚であった。

10. 『決定の本質 キューバ・ミサイル危機の分析』全二巻
（グレアム・アリソン／フィリップ・ゼリコウ／日経BPクラシックス／2016年）

キューバ危機におけるケネディ政権の政策決定過程を分析。「合理的アクターモデル」の限界を指摘し、「組織行動モデル」と「政府内政治モデル」を使って論じる。危機に際して、人間は非合理的プレイヤーとなって理論家を困惑させる。危機の13日間、政権内の議論は「タカ派」と「ハト派」といった造語では分析できない変化を見せる。

11. 『軍備と影響力 核兵器と駆け引きの論理』
（トーマス・シェリング／勁草書房／2018年）

核兵器は外交に大きな影響を与えた。ノーベル経済学賞を受賞した著者の深い洞察は冷戦を超えた普遍性を持つ。核時代の戦争は、クラウゼビッツの政治の合理的延長としての戦争論を終わらせた。新たな核兵器保有国は核兵器を影響力として用いるが、キューバ危機で米国が学んだ「安全装置」の必要性を理解しているだろうか。

12. 『決定版 大国の興亡―1500年から2000年までの経済の変遷と軍事闘争』全二巻
（ポール・ケネディ／草思社／1993年）

覇権国の興亡の過程を文明史的に描いた大著。大国の軍事力とその基盤たる経済力の長期的変化に注目し、軍事予算の増大が経済成長への投資を減少させることで大国の衰退が起きるとの指摘は軍民融合技術が米中覇権競争の焦点となっている現在、議論のあるところだろう。

13. 『外交』全二巻 （ヘンリー・A・キッシンジャー／日本経済新聞社／1996年）

権力政治こそが国際関係の行動規範であり、米国の孤立主義やイデオロギー的「十字軍」は大失敗だとの現実主義思考が欧米近代外交史の展開の中で描き出されている。外交の要諦は国益と利用可能な資源を把握し、両者の関係を競争相手国の国益と資源の文脈に連動させることに見出される。

14. 『大戦略論』 （ジョン・ルイス・ギャディス／早川書房／2018年）

外交の成否は国益（目的）とパワー（手段）の関係を適切に処理する戦略で決まる。そこでは、普遍と特殊、理論と歴史を結びつける作業が必要

とされる。本書は、戦略という抽象的概念を歴史のエピソードも引きながら物語的に分かりやすく解説し、歴史、文学、哲学も動員して戦略の本質に迫る。

15. 『外交五十年』(幣原喜重郎／中公文庫／1987年)

　戦前の一時期、国際協調主義外交に努めた外相幣原の回顧録。幣原はその名を冠した外交で歴史に名を残したが、対英米協調や対中内政不干渉政策には国内で「軟弱外交」との批判が浴びせられた。既存の国際秩序の中で、長期的利益をどう確保するか、いつの時代にも求められる外交の要諦を本書で再考したい。

16. 『回想十年』　全四巻 (吉田茂／中公文庫／1998年)

　回顧録は、吉田が語るように、「自画自賛か、自家広告か、然らずんば弁疏の類に過ぎない」ものも少なくない。本書も例外とは言えないが、それでも疾風怒濤の戦前戦後の政治と外交を理解する上で貴重な資料である。戦後日本の成功体験の礎となった「軽武装・経済優先」路線（「吉田ドクトリン」）を再考しつつ、吉田語録を吟味したい。

17. 『日本の近代6　戦争・占領・講和　1941～1955』
(五百旗頭眞／中公文庫／2013年)

　日本の対米開戦と敗戦はどう決定されたのか、日本の政策決定プロセスを中心に、歴史の「if」にも触れながら興味深く分析する。吉田茂の回顧録と合わせて読むと、当時の政治状況が浮かび上がる。「政治が衰退したときには、いつも切実な個別的利害が全体的合理性を上回るこの国である」との筆者の言葉に共感を覚える。

18. 『清沢洌評論集』(山本義彦編／岩波文庫／2002年)

　戦争に突き進んだ時代、平和主義と自由主義こそが真の愛国主義であることを執筆活動において貫いたジャーナリストの論考集。そこには、対立や紛争を粘り強い交渉によって平和的に解決する外交努力こそが長期的利益に合致する賢明な道であるとの認識がある。清沢の指摘は、いつの時代にも忘れてはならない警鐘である。

19. 『国際政治ー恐怖と希望』（高坂正堯／中公新書／1966年）

日本の国際政治学の巨人が32歳の時に執筆した不朽の理論的体系書。簡潔で読みやすい文章で国際政治のエッセンスが説かれている。例えば、国家は「力の体系であり、利益の体系であり、そして価値の体系である」との一文は高坂の知的高みを感じさせる。

20. 『コロナの衝撃 感染爆発で世界はどうなる?』
（小原雅博／ディスカヴァー携書／2020年）

コロナ・パンデミックが与えた影響は多岐に渡るが、拙著は、感染が中国から世界に広がる中で政治や経済が変容する過程を描き、米中の攻防を論じた。そして、安全と自由、健康と経済の関係（トレード・オフ）をめぐるガバナンス（民主主義と権威主義）にも議論を進めた。書評は、「中国共産党の微妙な意思決定過程の追跡は読み応えがある」（読売新聞）、「スピードや政治的勇気などとともに、『想像力』をあげ、利己ではなく利他につなげることが社会を強くすると説く」（日本経済新聞）と評した。岡倉天心学術賞受賞。

あとがき

　国際政治の変化や外交交渉の決定要因となっているものは何か？
事態はどう進展するだろうか？

　大きな背景としての歴史的な潮流や地政学／地経学の視点を念頭
に置いて、国際構造、国内政治体制（政策決定過程）、権力者の三
層から事態にアプローチし、そこでのパワー、利益、価値（正義）
という三要素の関係に着目して、分析する。そんな包括的な手法を
私は長年取ってきました。それぞれに理論があり、現実のケースが
絡みます。

　キューバ危機でケネディ大統領が心掛けたスタイル、つまり相手
（この場合はフルシチョフ書記長）の立場に身を置いて想像力を働
かせることも欠かせません。政治（権力闘争）が色濃い中国ではリ
アリズムが支配的ですし、「孫子の兵法」も頭に入れておく必要が
あるでしょう。

　外交、特に交渉は、その特性からしても、また相手国との関係も
あって、その結果は公開されても、その過程が明らかにされること
はほとんどありません。国家指導者や外交官の回顧録には資料とし
ての価値が高いものもありますが、そこには主観的な解釈や評価、
意図的な事実関係の取捨選択も入り込んでいます。また、行政文書
公開では、新たな事実が明らかになることも少なくありませんが、
公開までに長い時間を要するため、現代外交の資料として活用する
には限界があります。ウィキリークスによって米国政府などの外交
機密情報が暴露され、関係国政府を慌てさせましたが、それによっ
ても交渉過程の全貌や舞台裏の細部が明らかになることはまずあり
ません。

　以上のような多様な視点や要素と制約の下で、現在進行中の国際

政治や外交を正確に理解するのは容易ではありません。大事なのは、日々のニュースや解説を聞くだけでなく、「なぜ」とか「そうかな」という批判的思考（critical thinking）を試みて、習慣化することです。その際に念頭におくべき点として、認識ギャップの問題を挙げておきましょう。

第一に、世界観、中国観、歴史観などは人によって同じではなく、教育やメディアや経験によって形成されるものです。現実主義者と理想主義者、「タカ派」と「ハト派」、「ナショナリスト」と「国際派」……、自分の立ち位置や座標軸を確認した上で、異なる主張や見解に耳を傾けることが必要なのだろうと思います。

第二に、悲観論と楽観論の違いです。コップに入っている水を見て、「半分しか入っていない」と見る人もいれば、「半分も入っている」と見る人もいます。時間と空間が変われば、悲観が楽観に変わり、楽観が悲観に変わることもあります。あらゆる観察と思考にはそうした主観がつきまとうということを認識しておくことも大事なのではないでしょうか。

第三に、議論の前提となる概念の曖昧さです。例えば、「自由貿易」という言葉で合意できても、その意味するところが異なれば、実施段階で対立が生まれ、現場は混乱します。中国が主張する「自由貿易」は、トランプ大統領が主張した「公正」や「相互主義」の伴う「自由貿易」とは異なります。2018年6月の米朝首脳会談の共同声明に書き込まれた「朝鮮半島の完全非核化」もそうした問題を抱えています。

国際政治学の歴史は短く、法学や経済学と比べて、どこまで理論化し精緻化した学問か疑問を持つ方もいるでしょう。そのことも念頭に置いた上で、本書を執筆しました。本書が国際政治学を学ぶ方にとって少しでも助けとなれば幸いです。

2021年1月　小原雅博

小原雅博 (こはら・まさひろ)

東京大学大学院法学政治学研究科教授。博士(国際関係学)。東京大学卒、UCバークレーにて修士号取得。1980年に外務省に入り、アジア大洋州局局審議官、在シドニー総領事、在上海総領事などを歴任後、2015年より現職。復旦大学(上海)客員教授も務める。著書に、『日本の国益』(講談社現代新書)、『東アジア共同体　強大化する中国と日本の戦略』『国益と外交　世界システムと日本の戦略』(日本経済新聞出版)、『境界国家論　日本は国家存亡の危機を乗り越えられるか?』(時事通信出版局)、『東大白熱ゼミ　国際政治の授業』(ディスカヴァー・トゥエンティワン)、『チャイナ・ジレンマ　習近平時代の中国といかに向き合うか』『コロナの衝撃　感染爆発で世界はどうなる?』(ともにディスカヴァー携書)、『日本走向何方』(中信出版社)、『日本的選択』(上海人民出版社)など。10MTVオピニオンにて「大人のための教養講座」配信中。

だいがく　ねんかん　こくさいせいじがく　　　　　　じかん　　　　まな
大学4年間の国際政治学が10時間でざっと学べる

2021年1月27日　初版発行
2023年5月25日　3版発行

こはら　まさひろ
著者／小原　雅博

発行者／山下　直久

発行／株式会社KADOKAWA
〒102-8177　東京都千代田区富士見2-13-3
電話 0570-002-301 (ナビダイヤル)

印刷所／図書印刷株式会社

●お問い合わせ
https://www.kadokawa.co.jp/ (「お問い合わせ」へお進みください)
※内容によっては、お答えできない場合があります。
※サポートは日本国内のみとさせていただきます。
※Japanese text only

定価はカバーに表示してあります。